穷小山国缘何成世界首富

瑞士国家竞争力密码

蔡方柏 著

中国发展出版社
CHINA DEVELOPMENT PRESS

图书在版编目（CIP）数据

穷小山国缘何成世界首富：瑞士国家竞争力密码/蔡方柏著.
北京：中国发展出版社，2015.9

ISBN 978-7-5177-0374-7

Ⅰ.①穷…　Ⅱ.①蔡…　Ⅲ.①经济概况—瑞士　Ⅳ.①F152.2

中国版本图书馆CIP数据核字（2015）第174620号

书　　名：穷小山国缘何成世界首富：瑞士国家竞争力密码
著作责任者：蔡方柏
出版发行：中国发展出版社
（北京市西城区百万庄大街16号8层　100037）
标准书号：ISBN 978-7-5177-0374-7
经 销 者：各地新华书店
印 刷 者：三河市东方印刷有限公司
开　　本：700mm×1000mm　1/16
印　　张：14.5
字　　数：175千字
版　　次：2015年9月第1版
印　　次：2015年9月第1次印刷
定　　价：35.00元
联系电话：（010）68990625　68990692
购书热线：（010）68990682　68990686
网络订购：http：//zgfzcbs.tmall.com
网购电话：（010）68990639　88333349
本社网址：http：//www.develpress.com.cn
电子邮件：121410231@qq.com

創新发展
由穷致富

贺蔡方柏大使「穷小山国缘何成世界首富」一书出版

戴秉国

二〇一五年五月

前国务委员戴秉国先生为本书题词

作者 1963 年在瑞士求学时，于日内瓦湖畔留影

推荐序 / Recommendation

自从我就任瑞士驻华大使以来，一种特别的现象一直不断给我留下深刻的印象：不少中国人士对瑞士和中瑞关系表现出浓厚的兴趣并对此做出积极的表态。我们被这股外部积极力量支持、鼓励和激励，自然是一件十分令人欣慰的事情。这种外部积极力量用它们自己的方式为提升瑞士在中国的形象，为传播瑞士特有的某些思想和价值做出了贡献。

我愿在这里向这些活跃的朋友们，特别是向曾任大使和全国人大代表的蔡方柏先生致敬。在这些了解我国的行家中，蔡方柏大使是一位有影响的人士，他对瑞士联邦复杂的历史、对它取得成功的原因颇有研究。蔡大使渊博的知识使其能阐明瑞士成功的多个关键要素，并用他个人经历加以说明。然而，各种经过论证的要素表明，成功没有现成的秘诀。瑞士现在的成就是多种因素综合作用和较好的政治选择再加上部分管控风险的结果。

时代在变迁，瑞士也是如此。昨天和今天的成功并不一定能为其未来的繁荣提供保证。但是，我国社会结构中的某些基本特征无疑仍处于国家发展的中心地位，尤其是高质量的教育和对研发的投资。瑞士可以自豪地宣告，在这些领域，它是最好的榜样之一。这主要得益于二元教育制度：一方面，人数不多但素质高、有追求的大学生们获得高水平的大学毕业文凭；另一方面，造就那些受人尊敬并通过实践和技术方面的严格培训而受到良好教育的大批劳动力。此外，由于我国的社会以个人、以思想和创业自由为中心，同时个人要为国家未来负责，因此，个人的创造性可服务于国家职能的改善和进步，保证公民可长期、自愿地为了全民福祉而要做得好，做得完美。

我国的民主制度也是我们成功的一个重要因素。它推动发展了一种社会和解文化，而“小步伐”政策有时被描绘为行动迟缓，但它却成为我们社会稳定和坚实基础的关键。考虑到我们社会因长期受欧洲曲折历史的影响而具有多样性和复杂性，某些人称之为瑞士奇迹不可能全盘照搬。然而，我希望我国的一些经验和尝试将能对中国等其他国家有启示作用。我鼓励此书的读者从蔡方柏大使具有智慧和特性的建议中得到启迪。

在今年瑞士与中华人民共和国建交65周年之际，我对这本著作的出版表示祝贺。我深信，它将在中国公众中为强化瑞士多样性做出贡献，进而丰富我们两国业已存在的对话，这对我们共同的未来是十分珍贵的。

瑞士驻华大使：戴尚贤

2015年7月

Recommendation

Depuis ma prise de fonctions en tant qu'Ambassadeur de Suisse en Chine, une réalité particulière ne cesse de m'impressionner au quotidien : l'intérêt marqué et l'engagement prononcé d'un certain nombre de personnalités chinoises en faveur de la Suisse et de la relation sino-suisse. C'est bien naturellement un sentiment fort agréable que de se voir soutenu, encouragé et stimulé par des forces extérieures bienveillantes qui contribuent à leur manière à la promotion en Chine de l'image de la Suisse et à la dissémination de certaines idées et valeurs propres à mon pays.

Je veux ici rendre hommage à ces amis agissants et plus particulièrement à l'Ambassadeur et Député Cai Fangbai, personnalité influente parmi ces adeptes de mon pays, qui s'est penché sur l'histoire complexe de la Confédération et sur les raisons de son succès. Les connaissances approfondies de l'auteur lui permettent de mettre en évidence plusieurs clefs de ce succès et de les illustrer par des expériences personnelles. La variété des vecteurs identifiés démontre qu'il n'y a néanmoins pas de recettes toutes faites ; les réalisations suisses actuelles sont le fruit d'une conjonction d'éléments et de choix politiques plus ou moins heureux, auxquels s'ajoute aussi une part de hasard maîtrisé.

Les temps changent, la Suisse également. Ce qui a fait son succès hier et aujourd'hui n'assurera pas forcément, tel quel, un avenir prospère. Pourtant, certaines caractéristiques fondamentales des rouages de notre société demeureront sans doute au centre de l'équation, en particulier l'accès à une éducation de qualité et l'investissement en recherche et développement. La Suisse peut fièrement s'afficher comme un des meilleurs élèves dans ces domaines, grâce notamment à un système de formation dual qui favorise une concentration de diplômes universitaires de haut niveau sur un nombre relativement peu élevé d'étudiants qualifiés et motivés, ainsi qu'une forte main d'œuvre qui se sent valorisée, excellemment formée à la pratique et au travail technique qu'elle est. Par ailleurs, notre société étant centrée sur l'individu et la liberté de penser et d'entreprendre, tout en se sentant personnellement responsable du devenir commun, la créativité individuelle au service de l'amélioration des processus et de l'innovation garantira longtemps une volonté de bien faire et de parfaire pour le bien général.

Notre système de démocratie est ainsi également un facteur important de notre réussite. Il a permis de développer une culture du compromis social et une politique « des petits pas » qui est parfois décriée pour sa lenteur, mais qui n'en est pas moins la clé de notre stabilité et des assises solides de notre société. Le miracle helvétique, comme certains l'appellent en considérant la diversité et la complexité de notre société pérennisée à travers les vicissitudes de l'histoire européenne, ne peut être répliqué tel quel. J'espère toutefois que certaines de nos expériences, certains apprentissages pourront inspirer d'autres pays tels que la

Chine. J'encourage tous les lecteurs de cet ouvrage à se laisser inspirer par les propositions intelligentes et bien calibrées de l'Ambassadeur Cai Fangbai.

En cette année des 65 ans de relations diplomatiques entre la Suisse et la République populaire de Chine, je me félicite de la publication de cet ouvrage. Je ne doute pas qu'il contribuera à renforcer une image diversifiée de la Suisse auprès du public chinois et à par là-même à enrichir le dialogue existant entre nos deux pays, précieux pour notre avenir commun.

Jean-Jacques de Dardel

Ambassadeur de la Suisse en Chine

自序 / Preface

瑞士山清水秀，风光旖旎，被誉为“世界花园”；瑞士经济发达，人民富裕，堪称世界首富国家。2013年，瑞士国内生产总值为6450亿美元，人均国内生产总值为81087美元，远超过欧美发达国家，仅次于卢森堡、挪威、卡塔尔，居世界第4位。然而，挪威、卡塔尔主要靠石油等资源致富而超过瑞士，卢森堡国情虽与瑞士有类似之处，但由于国小、人少，发展起来相对容易。可以说像瑞士这样规模的国家靠本身的勤劳和智慧致富，在世界上几乎是独一无二的。所以，我称它为不靠自然资源发展起来的世界首富。瑞士的商品和服务业出口分别占世界商品和服务业出口的1.3%和1.8%，向国外银行提供的贷款占世界银行业贷款的比例高达8.9%。从一定意义上说，这个地理上的小国却起着经济和金融大国的作用。瑞士经济发展之路是成功的典范，这已是众多经济学家、经济界人士和公众舆论的共识。

然而，瑞士是个面积只有41284平方公里（仅占世界陆地面积的0.028%)、人口仅为813.9万（2013年12月联邦统计局数据）的小山国，70%的国土是阿尔卑斯山和汝拉山，其余为丘陵起伏的中央高原，是中欧内陆国家，与奥地利、列支敦士登、意大利、法国和德国接壤。除湖光山色、水力发电、木材和少量的盐矿、煤矿和锰矿外，没有其他自然资源，能源和工业原料主要依赖进口。更严重的是，瑞士的可耕地只占国土面积的6%。几个世纪前，其贫瘠的土地不能养活自己的人民，一遇灾害，一些居民死于饥荒，大批瑞士人为谋生计，被迫为欧洲大国、为教皇当雇佣兵或越洋移民美洲，命运之悲惨不言而喻。1709年，在法国对英国、荷兰的马尔普拉开战争中，双方参战人员主要是瑞士雇佣兵，近两个团的瑞士人在厮杀中战死沙场。

那么，瑞士又是怎样由输出雇佣兵，到因地制宜通过工业化实现脱贫致富，并不断通过科技创新和优化产业结构发展到今天世界首富的地位呢？笔者曾在20世纪60年代初在该国日内瓦大学学习，并在20世纪80年代末至90年代初出任我国驻瑞士联邦大使，在瑞士总共度留5年之久，其后仍跟踪瑞士的发展轨迹和中瑞关系的演变，这使我对该国有了更深入的了解。笔者很高兴与读者一起探索和分享瑞士脱贫致富的奥秘，其中包括笔者一些所见所闻和所思所想。本书并不谋求全面介绍这个既小又复杂的欧洲中部山国，只想从瑞士历史底蕴和民族特性对发展的影响，因地制宜不断调整产业结构和变转发展方式，把教育作为创新之源、培养创新人才，大力推进科技创新、发展高精尖产品，千方百计发展对外贸易和对外投资，再造一个半“海外瑞士”，及如何应对当前面临的挑战等方面，来阐明瑞士的独特发展道路。

瑞士国情虽独特，但在谋求发展、富民强国方面与其他国家有诸多共同之处。常言道，“它山之石，可以攻玉”，其发展致富之路为我国和其他发展中国家、地区提供了可资借鉴的宝贵经验。如本书能有助于达到上述目的，将是对笔者为写此书所作努力的最好回报。

还要提到的是，2015年是中瑞建交65周年，笔者要把此书献给那些65年来一直为促进中瑞关系不断发展做出不懈努力的中瑞两国各界人士和朋友们，特别是日内瓦大学曾耐心为我们授课的老师们，以回报他们真诚的帮助和诚挚的友谊。

蔡方柏

2015年7月

目录 / Contents

第一章

深厚的历史底蕴 睿智创新的人民

瑞士历史是一部征战扩疆、被敌占领、抱团反抗、联合自强的史诗。漫长的抗争造就了瑞士人民勤劳奋勇、睿智创新、务实高效的民族特性，符合国情的精干、灵活的联邦政体及永久武装中立的国际地位。这是瑞士长期保持政局稳定、经济持续发展的根本保证。

❶ 联邦的起源与形成

瑞士人的祖先海尔维第人是北欧凯尔特人的一个支系，公元前2世纪移居至今天瑞士中部等地区。公元前62年，海尔维第人因受莱茵河的限制和汝拉山的阻挡及莱蒙湖和罗纳河的隔离，竭力奋战扩展地盘。在其部落首领托利科斯（ORGETORIX）的带领下，他们离开自己的家园，向高卢地区迁移。公元前58年，在现今的瑞士法语区，他们被恺撒率领的罗马大军打败，不得不退回阿尔卑斯山地区，并沦落成罗马帝国的子民。在罗马帝国长达5个世纪的统治中，海尔维第人从语言、文化、建筑风格到宗教信仰，都被罗马人同化。

260年，日耳曼部落阿勒曼人开始入侵中部高原，抢劫和摧毁了罗马人的设施，到5世纪迫使罗马人撤出，最终占领了海尔维第所在的北部地区，并使该地区的语言、文化和风俗日耳曼化。这就是今天瑞士德语区的由来。同时，瑞士西部地区则被使用拉丁语和信仰基督教的勃艮第人占领，这就形成了今天瑞士的法语区。这两个部族又先后受法兰克人和勃艮第人所统治，直到1032年海尔维第成为神圣罗马帝国的一部分。

在神圣罗马帝国内部，由不同的领主代表帝国统治不同的地区。13世纪30年代，居住在今天瑞士四州湖地区的山民在阿尔卑斯山的悬崖峭壁上架设了一座桥梁，名为“魔鬼桥”，打通了圣哥大山口，从此天堑变通途。这条险要的栈道北达德意志，南通意大利，促进了南北商品和人文交流，四州湖沿岸的三个乡村共同体乌里、施维茨和翁特瓦尔登的经济因而得到了较好发展。

三地的经济繁荣受到了罗马帝国的高度重视。1231年，罗马帝国皇帝弗雷德里希二世授予乌里人帝国直辖权，又于1240年授予施维茨人帝国直辖权。从此，统治这两块领地的哈布斯堡家族失去了对这两块领地的控制权，使乌里人、施维茨人获得了一定的自由和自治权。翁特瓦尔登人也试图获得帝国直辖权，但由于该地离圣哥大山口较远，其经济战略地位不如前两个地区重要，未能如愿以偿。

1273年，哈布斯堡家族的鲁道夫当选为帝国皇帝，成为鲁道夫一世。但是，他没有以皇帝身份行使职权，而是以家族首领身份进行统治。他不但取消了乌里、施维茨的帝国直辖权，又改由其家族统治，而且从其表兄弟那里赎回了对施维茨和翁特瓦尔登的一切权力。哈布斯堡家族通过派遣官吏，对三地民众进行严厉控制和残酷剥削。这些官吏的暴行，引起了山民的纷纷反抗和暴力斗争，其中传播最广、影响最大的是威廉·退尔的传奇故事。

一名叫盖斯勒的官吏，为报复民众对他的愤怒和藐视，在乌里首府阿尔特多夫广场上的菩提树下竖立一根木桩，挂上了他的帽子，强迫行人必须向帽子行礼，以表示对他的尊敬和服从。然而，乌里的著名弓箭手威廉·退尔经过广场时，拒不敬礼。盖斯勒为惩罚退尔，在退尔儿子头上放置一个苹果，强迫退尔百步内箭穿苹果。退尔成功射中苹果，丝毫未伤其子。但盖斯勒发现并追问退尔为何还藏有另一支箭。退尔毫不犹豫地回答说，万一射伤了儿子，他将射杀盖斯勒。盖斯勒听后大怒，命人抓走退尔，要将他解送到城堡的监狱内关押起来。

盖斯勒和士兵解押退尔乘舟到四州湖中心时，忽然狂风大作，湖中涌起惊涛骇浪。士兵们惊惶失措，盖斯勒只好央求这位既是百发百中的弓箭手又是驾船能手的退尔帮助掌舵。退尔将船驾驶到岸边时，纵身一跃，跳到岸上，把船踢向湖中，而他乘机逃走，并躲在盖斯勒等人可能经过的峡谷中。待盖斯勒出现时，他射杀了这个臭名昭著的酷吏。

虽然历史学家对退尔传奇的真实性有很大的争论，但退尔的英雄形象依然受到民众的爱戴。退尔已成为瑞士人民反抗压迫、争取自由和独立的象征。

1291年7月15日，鲁道夫一世驾崩，谁来继承皇位，无人知晓，帝国形势出现紧张局面。8月初，乌里、施维茨、翁特瓦尔登的三位首领在四州湖畔的吕特利草坪，秘密签订了结成“永久同盟”的文件。文件用拉丁文写成，虽未留下首领的姓名，但盖了三个地区的公章。这实际上是一项互助条约，其主要内容是：为应对内外敌人，相互提供支持与援助；拒绝承认以金钱和其他代价谋取权位的法官或非本地法官的权力；共同维护地方安全与秩序；结盟各方发生冲突、分歧时，由联盟中最有智慧者进行仲裁解决。文件还规定，“如上帝同意，盟约永远有效”。实际上，永久同盟文件已成为后来成立瑞士联邦的奠基石。

1313年，神圣罗马帝国又发生帝位之争，“永久同盟”的三地不支持哈布斯堡家族。哈布斯堡家族统治的奥地利派兵对三地进行讨伐。三地人民决心捍卫已享有的独立与自由，于1315年11月聚集千余人在莫尔加滕通道山坡上把装备精良的奥地利骑兵和步兵打得落花流水。这次战役的胜利使瑞士山民的骁勇善战闻名四邻，并成为他人追求结盟的对象。从1332年到1353年，多个地区加入了同盟。

卢塞恩城地处四州湖地区出口必经之地，早与三个乡村共同体有频繁的经贸往来。该城首先做出反应，于1332年加入永久同盟。苏黎世丝绸业发达，需经圣哥大山口从意大利进口丝绸等原料，所以也于1351年加入同盟。它的加入，不但扩大了同盟的面积，也增加了同盟的实力，从而壮大了同盟的扩张野心。1352年，同盟先后占领了从属哈布斯堡家族的格拉鲁斯和楚格，并同意让两地以平等地位入盟。面积最大、经济和军事实力最强的城市伯尔尼，也于1353年入盟。

伯尔尼的加盟不是出于阿尔卑斯山交通运输上的需要，而完全是出于政治上的考虑。伯尔尼的快速发展加剧了与周围地区的冲突与矛盾，1339年与西部高原地区贵族联合阵线发生武装对抗并被该联合阵线打败。伯尔尼加盟既是为了应对外来威胁，也是为了防止阿尔河上游山民可能发生的暴动。至此，同盟的实力得到进一步增强。它虽然还没有中央政府，但已形成拥有8名成员的松散邦联。尤其值得一提的是，伯尔尼的入盟导致法语区也成为瑞士的一部分。

同盟内部曾对两个与伯尔尼关系密切的城市弗里堡、索洛图恩入盟问题发生争论，1481年通过的“斯坦斯”协议，终于就吸收两城入盟问题达成妥协。1501年又吸收了巴塞尔、沙夫豪森加盟。1513年吸收了阿彭策尔入盟。至此，拥有13个成员的松散邦联一直维持到法国大革命后的1798年。

1789年，法国大革命爆发后，瑞士联邦13个州政府均持反对态度。但是到1798年，法国军队入侵，先后占领了沃州、弗里堡、索络图恩等地。同年3月5日，法军攻陷伯尔尼，一批拥护法国革命的瑞士革命者利用法国力量，按照在巴黎起草的宪法，宣布成立了“统一不可分割的海尔维第共和国”。该宪法强调平等的原则，一些从属地也成为新国家中的平等一员。新共和国的组成单位由13个升至19个，新增的6个单位是沃州、阿尔高、图尔高、提契诺、圣加仑和格里松。同时取消了州的建制，被一个由省长领导的行政单位所替代。

但是，外来的法式共和制不符合瑞士国情，得不到人民的欢迎和支持。5年后，拿破仑在巴黎召开了统一派和联邦派代表参加的海尔维第协商会议，双方达成妥协，并于1803年1月19日颁布“调停条例”，部分恢复联邦制，同时坚持各州平等原则。1813年拿破仑失败，“调停条例”被取消。1815年签署了新的联邦公约，各州重新恢复各自主权，但摒弃了属地的旧制度，瑞士联邦的名称正式诞生。联邦公约又接纳了日内瓦、瓦莱、纳沙泰尔3州加入，联邦成员由19个增至22个州。1979年，汝拉地区从伯尔尼州分裂出来，成为一个独立的新州。至今瑞士联邦仍由23个州组成。由于巴塞尔又分成城乡两个半州，阿彭策尔分成内外两个半州，奥布瓦尔登和尼瓦尔登两个半州，瑞士联邦又可看成由

20个州和6个半州组成。

1830年，法国发生推翻复辟王朝的革命，对瑞士产生重大影响。保守派和激进派就修改联邦公约问题发生严重分歧，进而爆发内战。1847年11月，激进派动用武力，几周内打败了保守派的分裂联盟。1848年，在激进派的推动下，瑞士起草并颁布了新宪法。该宪法经过1874年到1999年的多次修改，使联邦政府的权力得到进一步扩展和完善，也使瑞士从一个松散的邦联成为一个由26个州（其中6个为半州）组成的、真正意义上的联邦制国家。

2 勤俭实干、睿智创新的人民

瑞士人民具有勤俭实干、睿智创新的特性，穷时如此，富时也一样。这是瑞士能持续发展的根本保证。

瑞士是高工资、高福利、高消费的国家，但人均储蓄占世界第一位；瑞士是小山国，却有20人获得诺贝尔奖；瑞士是发达国家，但工作时间在发达国家中最长；瑞士人富裕，但富而不奢，始终注意勤俭持家。瑞士人靠勤奋创造财富，懂得发展起来不易，花起钱来，既不讲排场、炫耀富有，又过着与自己收入相称的和谐生活。

用几个故事来说明上述观点。

瑞士公投曾多次推迟加入联合国，重要原因之一，是怕加入后交会费要多花钱。

我曾请一个瑞士朋友吃饭。作为大使客人，应该说他是有一定地位的人。当天晚上，我在客厅里等他，服务员告诉我说，客人已到了院子里了，可他迟迟不进来。我很纳闷，既然到了，干吗十多分钟过去了他还不进来？我又叫人出去看看，原来他是在车子里面换衣服、换鞋子。瑞士人那么富，一套西装，一双鞋，怎么还要赴宴会穿一套，开车又是另一套？由此可以看出他们非常注意节约。

现在世界上生产手表的大体状况是：瑞士出产高档手表，日本产中档表，中国大陆和中国香港产中低档表。但瑞士人很少戴劳力士等高档手表。一般来说，瑞士人都戴普通的表，坏了后他不修，再换一块新的，因为人工修理费太贵。我曾问过手表生产商：“你们瑞士人不戴高档表，那你们的高档表都销到哪里去呢？”他回答说：“我们的高档表多是销到产油国，如中东等地，主要卖给一些王公贵族和其他有钱人，他们有这个需要。”

瑞士人的住房大多是别墅式楼房，因为国土大都是山区、湖泊，所以房子大都顺着山势或者沿着湖边而建，或用木头，或用砖头，或用

蔡方柏大使夫妇在山区合影，背后是很有特色的瑞士房屋

石头建成。瑞士的住房很有特点，建筑风格因地势而异，古老民族特色依旧，但是房内装修和设施既讲究又实用。这反映出瑞士山民多元文化和现代化物质生活的巧妙结合。

又如用车，由于消费水平不一样，瑞士各家用车也不大相同。但有一点很重要，就是他们并不是那么在意开什么高档车或名牌车。

相比之下，中国的一些富人很愿炫富。开车要开高级车，穿着要名牌服装。这些富人还需要提高素质，因为要真正把我们国家建设得强盛起来，还需要花很长时间，依然需要提倡艰苦奋斗、勤俭持家的精神，这样才能让整个国家强盛，让老百姓过上富裕的生活。

前段时间国内有家报纸讨论有关奢侈品的问题，他们来采访我，询问我对奢侈品的看法。我对记者发表了以下观点：

过去西方人看不起中国人，因为中国人穷，买不起高级香水、高档手表、名牌手提包等奢侈品。现在不同了。中国经过30多年的改革开放，进入了小康社会，一部分人先富起来了。但少数人喜欢炫耀他自己的财富，因此一掷千金地去购买名牌商品。尽管是少数人，但不符合中国的传统和国情。我们要勤俭节约，富了，有钱了，要去发展自己的事业，建设国家，还要搞慈善事业。在发展慈善事业等方面，我们做得很不够，应该向瑞士人学习。

我再讲个瑞士人怎么靠自己的双手由穷变富的故事。瑞士有一座山叫少女峰，海拔3600多米，上面都是冰天雪地。现在开发了，能把火车开到山顶上。但火车不是沿着盘山路那么转上去的，而是像电梯一样爬上去的。我们使馆跟少女峰旅游点的老板有良好的关系，来了客人都带去那里游览。有一次，少女峰旅游点的老板请我去那里参观。老板开门见山地问我一个问题，他说："大使先生，你知道我们这里的特产是什么吗?"我说："哎哟，我可不知道。不过依我看应该是山顶上的各种风景，雪山和冰川吧?"他说："不是，而是小偷。"我惊奇地问他，为什么是小偷？他回答说："因为我们这个地方开发之前很穷，老百姓生活很困难，到全国去偷，所以我们这个地方小偷出名就是这么来的。可是，我们把这个旅游点一开发，这个地方就富了，增加就业了，老百姓有活干了，可以赚钱了，比如游客来了我们可以开旅馆了，然后就可以雇佣很多人工作。"这就说明他千方百计开发旅游景点是一个致富的有效办法。就跟我们中国一样，某个人带领大家修路致富是同一个道理。这个例

皮拉图斯山爬山火车

子说明瑞士人是靠勤劳和智慧致富的。

瑞士人的财富除了用于衣食住行外，更多地用于投资。瑞士的整体经济水平都比较高，消费也是很高的，物价也很高。贫富有差距，但相对较小。当然地区不同，情况也不一样。

瑞士人的外交礼仪也从简。1987年8月，我向瑞士联邦主席兼外长的彼爱尔·奥贝尔递交国书时，首先很郑重地把国书递给他，并按惯例致了颂词。他接过我递交的国书后说了几句客套话，说很高兴接到任命你为中国驻瑞士联邦的特命全权大使的国书，相信你会为促进瑞中关系的发展做出重要贡献，然后没再说什么。他又掏出几块手表跟我说："这是我到中国访问时，中方送给我的几块表，请你看看。"在笔者递交

维韦城集市

国书之前不久，奥贝尔刚来中国访问，他个人对手表感兴趣，是手表收藏家，所以，中国领导人送给他几块中国当时生产的好表。虽然我们的表不如瑞士高档表那么好，但至少是中国自己生产的高档表，很有收藏价值。

瑞士还有一条礼宾规定，即晚间举行的宴会必须在23点前结束。瑞士人把此规定的时间称为“联邦时间”。瑞士的晚宴不像南欧国家那样拖延到深夜一两点才散席，这也反映了这个山国人民简朴、健康的生活方式。

前几年，瑞士受到国际金融危机的较大冲击，但由于它内无纷争，外无战事，再加上瑞士人民具有优良的素质，所以较好地克服了前进中的困难。不久前，瑞士被世界经济论坛评为经济上最有竞争力的国家，超过美国等发达国家，居世界首位。

第二章

与众不同的政权结构和民主模式

瑞士中央政府采用多党联合执政，各州政府享有相当广泛的自治权，具有实行半直接民主的传统。瑞士的中立思想始于16世纪，《凡尔赛条约》签订后，瑞士的永久中立国地位在国际上得到广泛认可。自1937年瑞士劳资双方达成“劳动和平协议”后，劳资双方关系进入和谐期，保证了社会的长期稳定，为国家创造了大量财富。

1 相对下放的权力结构

瑞士政府权力机构由联邦委员会（中央政府）、26个州和半州政府、2880个基层政府（最小为几十人的村庄，最大为几十万人的大城市）组成。

按照1999年公投通过的瑞士新宪法规定，联邦中央政府统一掌管外交、财政、金融、联邦税收、货币发行、国防、海关、铁路、国家公路、水路、航空交通、邮政电讯、能源、电视、广播、度量衡、公民保护、社会保障、职业教育、联邦高校等事务，监督各州遵守宪法和联邦法律。另一项越来越重要的职责，是促进经济发展，保证国家繁荣富强。新宪法还规定，国际法高于国内法。其他事务多由各州管辖。

瑞士中央政府最具特色的执政方式是议会中各大政党协商制定的所谓“奇妙组合”，多党联合执政。其主要内容是：

第一，由7人组成的联邦委员会行使中央政府职能。7名委员分任总共7个部的部长，实行集体领导，任期4年。联邦委员会主席、副主席由联邦委员轮流担任，任期一年，不能连任。7名联邦委员分别由自由民主党、社会民主党、基督教民主人民党各出2人，瑞士人民党出1人，组成联邦委员会。但是，2007年选举产生新一届联邦委员会时，“奇妙组合”发生变化，被人民党宣布除名的2名联邦委员成立了公民民主党，“奇妙组合”最终被5党共治替代。

第二，每届联邦委员会不能有2个委员来自同一个州。

第三，原则上苏黎世、伯尔尼、沃州三大州每届要各出1个联邦委员。

第四，7名联邦委员在种族、语言、宗教等方面要有所平衡。笔者曾在火车上问瑞士乘客，谁是当年的联邦主席？能准确回答出来的人不多。多党联合执政保证了瑞士政局的长期稳定。

各州政府享有相当广泛的自治权。凡不属于宪法规定的联邦政府的权力，均由州政府行使。各州有自己的宪法，在遵守联邦宪法和法律的前提下，拥有本州立法、司法、财务、宗教、国民义务教育、社会福利、部分交通、治安管理等权力。同时，有些权力由联邦和各州共享，如环保、农业生产、区域规划等。

基层政府在州法律框架内行使职权。因此，基层政府承担起履行部分州政府的职权，如户籍、教育、卫生、警务、兵役、税收、文化、公路、桥梁修护等。基层单位的最高权力机构是公民大会，公民可直接参与有关决定，并选举基层政府官员。但是，在城市一般由选举产生的议会来行使公民大会的权力。

❷ 半直接民主的传统

这是瑞士政体的另一特色。联邦议会是最高立法机构，实行两院制。国民院由各州普选产生的200名议员组成，任期4年。联邦院由各州选派46名议员（每州2人，半州1人）组成，任期因州而异，最长为4年。两院议长任期均为1年。国民院和联邦院享有同等权力。两院分别审议同一提案，出现分歧时，两院来回反复审议，直到一方让步后，提案才算一致通过。但也有例外，如选举联邦委员、任命联邦法院法官、决定赦免等。

本届议会于2011年10月产生，各主要政党在两院所占席位如下：

	国民院	联邦院
瑞士人民党	57	6
社会民主党	46	11
基督教民主人民党	31	13
自由民主党	30	11
绿党	15	2
自由绿党	12	2
公民民主党	9	1

但是，各州只实行一院制，按人口比例选举产生议员。

最高司法机关是由联邦议会选举的法官组成的联邦法院，院内设民事、刑事、公法和社会法法庭。还设有由7名法官组成的联邦保险法院，专门负责审理保险业务中出现的案件。为照顾法语区和德语区的平衡，联邦法院设在法语区的洛桑，联邦保险法院设在德语区的卢塞恩。

公民有参与修宪和立法的权利。凡不符合宪法规定的任何修宪提案、联邦政府颁布的紧急法令，均需诉诸公投。只有获得参加公投多数公民和各州多数赞成，提案才算通过；如未获多数，就被否决。参加国际组织和超国家机构，也需进行公投。如瑞士参加“欧洲经济区（EEE）”就被1992年12月6日举行的公投所否决。经过公投通过，瑞士

瑞士联邦法院

才于1992年加入国际货币基金组织和世界银行，2002年加入联合国组织。又如2000年瑞士与欧盟签订双边经贸协定，是通过公投获得67.2%的选票和除提契诺州之外的25个州的支持才生效的。

瑞士公民还有提出修宪倡议的可能性，即所谓“公民倡议”。公民如在一年半的时间内获得10万人签名支持提出修宪倡议，就可进行公投。公投前议会可以提出反倡议，两项倡议同时诉诸表决。如公民倡议获得多数，修宪提案获得通过；如未获多数，倡议就被否决。

瑞士实行一种古老的直接民主形式“露天州民大会”，德语称为Landsgemeinde。这是自中世纪以来，每年4月的最后一个星期日或5月的第一个星期日，山民们为商讨共同面临的各种问题、维护自身利益而召集的大会。年满16岁的公民均应参加每年一度的大会。大会是最高权力机构，选举1名任期一年的行政长官，审议通过涉及本州的政治、经济、对外关系等事务的提案或决定。随着瑞士各方面的发展和进步，这种古老的直接民主形式现今只在格拉鲁斯、内阿彭策尔实行。

1988年春，作为中国驻瑞士大使，笔者十分荣幸应外阿彭策尔州州长的邀请列席了该州的“露天州民大会”。是日，风和日丽，在州首府的广场上，人头攒动，熙熙攘攘，上千民众个个身着节日盛装，人人佩带祖传宝剑，兴高采烈来参加大会。

大会开始后，先选出州长，后审议通过本州预算等重大事项。他们表决的方式独特：既不是投票，也不是举手通过或否决一项提案，而是举起他们佩带的宝剑表示赞成或反对。许多民众对中国大使列席大会感到十分高兴，也带有一点好奇的心态。大会后，笔者与一些围到身边的民众进行了交谈。他们向我提出了许多关于中国政治、经济、风俗习惯等方面问题，我都一一做了回答。当我问到为何没有妇女参加大会时，一位中年人不无幽默地回答说："我来参加大会之前，我妻子已经告诉我应怎样投票，投谁的票，所以她在家里干活，就不用来参加大会了。"这个有趣的回答引起在场的中外人士哈哈大笑。在和谐欢乐的气氛中结束了同民众的亲切交谈后，一位朋友私下告知，实际情况是，该州妇女当时还未获得选举权。所幸的是，第二年的"州民露天大会"决定给予妇女选举权。

在这次访问中，笔者还遇到一些有趣的事情。在参观州历史博物馆时，我惊喜地发现，展出的传统锯子和古筝与中国的一模一样。该州的居民身材和相貌与亚洲人有点相似。参观后，我一直在想，这两样东西是怎样传到瑞士山区来的？其居民为何带有亚洲人的特点？

带着这些疑问，我在大会后举行的午宴上向州长提出了这个问题。州长思索一会后，用很简短的外交辞令回答说：可能是在历史上本州与贵国有过某些交往吧！这个回答虽然没有错，但仍然没有解答我心中的疑惑。在同其他嘉宾交谈中，一位对此问题有所研究的朋友告诉我：历史上，入侵欧洲的成吉思汗大军撤离时，一小部分士兵因某种原因未能及时撤走，就留在欧洲的一些国家。由于历史变迁，他们当中一些人辗转到了瑞士的山区。他们与当地人通婚，繁衍生息。这很可能是大使先生看到这些现象的真正原因。这位朋友的解释虽然现在难以查到确切史料进行佐证，但是笔者认为这可能是较为符合逻辑的答复。

然而，瑞士的半直接民主也有其弊端，公民投票次数增加了，选民参与的热情却下降了。在20世纪50年代以前，公民投票率一般高于50%，自此以后则大幅降低。如今，这一比例徘徊在33%~50%之间，各州举行的公投中，选民的投票率通常不足30%[①]。

① 瑞士国家形象委员会编著：《多姿多彩的瑞士》，2007/2008年版。

③ 永久武装中立的由来和作用

瑞士中立思想始于16世纪。当时，欧洲正经历宗教战争，列强为扩张领土和势力范围不断相互征战。瑞士处于欧洲中部，交战各方都想拉其入盟或要求同意让军队穿过瑞士去打敌国。为使本国不遭受大规模战争破坏，保持政局稳定和经济发展，瑞士遂于1647年宣布永久中立，拒绝支持交战任何一方，也不允许外国军队穿过其国境。

瑞士虽不主动参战，但当战火烧到其边界时也需要武装力量进行自卫。早在1647年，瑞士联邦的13个成员就签订了《维尔防务协定》，以共同维护各成员权益。这为“武装中立”奠定了基础。

然而，瑞士的永久中立得到国际社会的正式承认是在1815年。当时拿破仑战败被流放到厄尔巴岛（ile d’elbe）后，欧洲列强在维也纳召开和会，重新划分欧洲各国边界，今天瑞士的国界就是在此次大会上确定的。维也纳和会正式承认瑞士永久中立，随后欧洲列强签订的《巴黎协议》正式确认瑞士中立国地位。第一次世界大战后，在瑞士放弃维也纳和会授予其对北萨瓦的占领和对奥地利的沃拉尔贝格州（Vorarlberg）的吞并权后（实际情况是：沃拉尔贝格州通过公投要求加入瑞士联邦，瑞士政府为不得罪奥地利而拒绝了该州的要求)，《凡尔赛条约》再次承认瑞士永久中立国的地位。此后瑞士的永久中立国地位在国际上得到了广泛的认可。

4 独特的全民皆兵

瑞士实行永久武装中立政策，意味着需要强大的武装力量来维护自己的独立、主权和中立。但由于瑞士是小国，人口少，面积小，不可能维持一支强大的正规军。因此，需要实行真正意义上的全民皆兵，凡20~34岁男性公民都必须分期服兵役，全部服役期为280天。

瑞士实行民兵制，只有1500人的职业军官和士官，平时负责训练应召而来的民兵。现役编制兵力为15.4万人，有陆、空两个兵种，战时在短期内可动员60多万人入伍。1995年，瑞士颁布第一部《民兵法》，规定自1997年起公民可在兵役和民役之间自由选择。联邦委员会拥有最高指挥权并通过国防部领导军队。总体作战指导思想是防御战。2014年，瑞士国防开支为41.1亿瑞郎，占全部财政支出的6.2%。

最使我难忘的有几件事。

其一，是笔者应瑞士军方邀请去观看空军飞行表演。驾驶F16战机翱翔在蓝天的飞行员，竟是一位民兵。这使所有在场的使节和武官赞叹不已。可以毫不夸张地说，瑞士式的全民皆兵在世界上是独一无二的。

其二，瑞士服役的士兵可带着武器和弹药回家度周末。当时，我对此觉得不可思议。当我宴请瑞军总参谋长吕蒂将军时，曾开门见山地问他：你们这样做是否会影响社会治安？难道不怕士兵拿武器闹事吗？吕蒂将军笑容可掬地回答说，大使先生提的问题是许多外国使节经常问到的。我们能让士兵带武器回家，是因为瑞士社会稳定，年轻士兵会严格遵守纪律，一般不会闹事；还有重要的一条：万一士兵用自带的武器闹事，将按军法加倍惩罚。这两条保证了我们能顺利推行这种有瑞士特色的制度。

其三，瑞士还修筑了许多秘密山洞工事，几乎所有居民住宅下都修有可作为掩体的地下室，国家为此提供补贴。还建有许多地下仓库，储备了必需的战略物资。笔者在瑞士任职时曾参观过这些设施，目睹了在当今和平时期，瑞士人民仍在地下仓库内储备了充足的粮食、饮用水、医药和其他战备物资，并定期更换。如有外敌入侵，瑞士可在境内展开持久的防御战。据朋友介绍，“二战”期间，希特勒确有入侵瑞士的设想，后考虑到两个不利因素后放弃了这个计划：一是瑞士决心捍卫自己的独立和中立。其领导人亨利·吉桑（Henri Guisan）将军于战争期间发布总动员令，抗击外来入侵。瑞士防卫重点也由防御边界上的固定地点转而撤退至阿尔卑斯山区，依据坚固且存有物资的“内堡”（Reduit）进行防守。吉桑将军于1940年7月5日发表“防御内堡计划”（Réduit Plan），表示“地形有高山作为屏障，提供抗敌无比的可能性”。在此情况下，纳粹德国要入侵瑞士，就要付出沉重代价，得不偿失。二是纳粹德国可以从中立的瑞士获得一些战略物资，如果占领了瑞士，就少了一个获得战略物资的渠道。

其四，定期举行抗敌入侵的演习。笔者曾因公务原因要约见瑞士外交部的一位主管司长，对方答复称：司长出差在外，只能一周后才能会见大使。一周后见到这位司长时，他对未能及时会见我表示歉意，并解释说，他之所以不在首都伯尔尼，是因为在一次演习中，假设伯尔尼被敌国占领，他扮演瑞士国家元首，带领政府官员在山区组织抗敌斗争。听了他的解释后，我一直在想，瑞士人在内部稳定外部宁静的和平环境中仍然保持高度忧患意识，真是难能可贵。

总之，瑞士坚持永久武装中立特别是不介入两次世界大战，保持了本国的独立，使它免受入侵或被卷入地区和世界战争。近两个世纪的和平，为瑞士的长足发展铺平了道路。

5 “劳动和平协议”缔结下的和谐劳资关系

起初，瑞士的劳资关系并不协调。

第一次世界大战后期，民众生活很困难。加上战争期间物资匮乏，工资增加跟不上物价飞涨，工作时间又长，服兵役的士兵得不到补贴，社会发生了一些动荡。在政府内部，左右两派也就军事预算和兵役制问题发生了尖锐矛盾。在此背景下，瑞士工人提出增加工资、改善劳动条件、实行每周48小时工作制等要求，并举行了全国大罢工。德语区参加人数最多。罢工持续了3天，联邦政府采取强硬态度，动用军队进行镇压，罢工以领导人被判刑而结束。虽然瑞政府后来采取了增加工资、实行每周48小时工作制等措施来缓解矛盾，但这次大罢工在该国历史上留下了令人遗憾的回忆。

瑞士是个善于汲取经验教训的国度。到1937年，该国机器制造业劳资双方经过谈判，达成“劳动和平协议”，即遇有争议，劳方不罢工，资方不关厂，通过协商解决纠纷；如协商仍不能解决时，诉诸仲裁，双方保证遵守仲裁结果，不需要国家干预。此后，瑞士通过法律，规定各工业部门必须签订集体协议来处理劳资纠纷。半个多世纪以来，瑞士几乎没有罢工。

瑞士人普遍遵守仲裁结果有其历史渊源。早在1291年三州签订的互助条约中就作出规定，在有关方面发生冲突时，由签约各方中的贤人出面调解和仲裁，使问题得到解决。这种做法已成为瑞士主流思想不可分割的组成部分。和谐的劳资关系，保证了瑞士社会长期稳定，为国家创造了大量财富。

第三章

因地制宜谋发展，从困境中寻找出路

瑞士除了山地，就是丘陵起伏的中部高原，几乎没有平原，耕地面积也很少。如果非要说瑞士有什么资源的话，那就是湖光山色。现在瑞士被称为“世界花园”，但如果它不走自己的发展道路，不注意环境保护，那就是穷山恶水。

瑞士脱贫前，以输出雇佣兵为重要经济来源。自1505年至今，瑞士雇佣兵一直是教皇的卫队。瑞士士兵忠诚护主，曾为救教皇克列门斯七世而牺牲了140多人。卫兵队除守卫梵蒂岗外，还跟随教皇到各地访问。现在他们并不携带实战武器，手持的长戟只不过是一种装饰。

经过“二战”后，这个穷山国却成世界首富，人均GDP高达8万多美元，比美国、法国、英国等发达国家都要高。那么，它是怎样发展起来的呢？下面笔者将尽力解答这个令人感兴趣的问题。

1 充满血泪的资本原始积累

瑞士的资本原始积累主要有两种途径。

出租雇佣兵，获取丰厚利润

中世纪，在反对哈布斯堡王朝统治、争取独立自由的斗争中，瑞士山民以少胜多，以弱胜强，打败了装备精良的正规军，充分显示出其英勇善战、机动灵活、不怕牺牲、忠于君王的本色。对正在争夺领土和势力范围的欧洲大国来说，利用瑞士雇佣兵，不失为增强自己军事实力的一项有效办法。

起初，一些富有冒险精神的瑞士人为谋生计，私自去欧洲国家当雇佣兵。16世纪，各州政府看到有组织地向国外出租雇佣兵有利可图，就把招募雇佣兵为外国军队服务作为政府的一项职能。瑞士雇佣兵几乎在欧洲各大国和地区政权军队中服役。有关统计显示，从1515年至1895年与那不勒斯王国军事协定终止，200多万瑞士人当过雇佣兵，仅1701年瑞士雇佣军团人数就高达5.4万人，其中2.5万人为法兰西王国服务，1.1万人为荷兰服务。其中著名的军团有：瑞士近卫军团，弗里堡

在瓦莱州马蒂尼看斗牛

迪埃巴赫军团，瓦莱的库尔登军团，格里松的萨里军团等。

这些雇佣兵虽骁勇善战，但其命运毕竟是可悲的。如1525年在pavie战役中，法国战死1万人，其中5000人是瑞士雇佣兵。1812年拿破仑兵败俄罗斯时，有近万名瑞士雇佣兵战死沙场。由于他们服务于相互敌对的君王，经常出现瑞士人相互对阵厮杀的惨烈场面。1709年，在法国对英国、荷兰的马尔普拉开战争中，双方参战人员主要是瑞士雇佣兵，近两个团的瑞士人在这次厮杀中战死沙场。

各州政府和地方绅士们从雇佣兵的血泪中获取暴利。出租雇佣兵的租金，一部分为州政府所占有，其余部分交付给组织军团的军官，由他们发给士兵微薄的安家费和军饷。这些军官大都是地方上的名门望族，不一定亲临沙场，却从中渔利，成为暴发户。“17世纪时，瓦莱的一个显贵施托卡尔帕本人从未上过战场，只是从他所在城市布里格遥控在家乡组成的、在外作战的雇佣兵军团，每年从中获取9000古金币。虽然有时也会因为雇佣国不守信用，欠款不付，但是施托卡尔帕在30年间从雇佣兵制上得到的纯利润高达25万古金币。”“这样每年国家由此进账数百万计——从1594年至1605年间仅为法国效力服役，收入就达3600万古币。”[①]这些沾满雇佣兵血泪的资金就是后来推动瑞士发展的资本原始积累的重要组成部分。

接纳邻国难民，带来大量技术和资金

瑞士成为邻国政治避难场所。16世纪，天主教内部新旧教派斗争激

① 端木美：《瑞士文化与现代化》，辽海出版社2008年版，第45~46页。

烈，特别是1685年废除南特赦令（la revocation de l’edit de Nante）后，受压迫的新教胡格诺派和伏多瓦派教徒纷纷逃到瑞士避难。他们带来了制造钟表、印刷术等技艺及绦带、长袜和帽子等产品的制作手法和创业的资金。特别是生产钟表的技能给瑞士后来的发展带来深远的影响。自1587年日内瓦生产第一块手表后，由于这种工艺技能不需大作坊，只需少量原材料，还可分散在山区家庭作业，因此钟表生产迅速在汝拉山区等地发展起来并成为瑞士的支柱产业之一。如今瑞士已成为高档手表生产和出口国，钟表已成为瑞士第三大出口商品。

❷ 就地取材发展工业，因时制宜调整结构

瑞士获得最初的资本原始积累后，在18世纪开始了工业化进程。最早从纺织、钟表、食品工业起步。到19世纪初，瑞士虽然仍还不富裕，但正在逐步摆脱贫困。在第一次产业革命的推动下，加上其国内享有和平与稳定的政局，产业结构不断得到调整。蒸汽机的引进和应用，使瑞士工业从手工劳动过渡到机械化生产，大大提高了劳动生产率。瑞士本国市场小，资源匮乏，但它利用拥有充足和训练有素的廉价劳动力，从事制造体积小、质量优、价值高的产品，主要向国外出口，在国际市场竞争中逐步赢得了优势，占据一定地位。

奶制品生产开启食品工业化进程

自中世纪后相当一段时间内，瑞士经济主要是畜牧业，牧民把生产的牛奶和羊奶制成奶酪和黄油储备起来，以备在严冬季节自己消费，剩余部分向本地市场出售。1687年，伯尔尼州开始鼓励奶酪贸易，以繁荣本地经济。从此，瑞士开始形成了自己的食品工业。

18世纪中业和19世纪初，奶酪贸易蓬勃发展，随着银行的介入，瑞

士奶酪出口到欧洲许多国家，甚至远销北非和美洲。统计显示，“弗里堡州最著名的格吕耶尔奶酪每年就出口法国3万公担，此外，还向欧洲国家出口牛羊等大牲畜和军马。养马业得到大规模拓展，瑞士可向数国军队提供骑兵马匹”。1913年，瑞士人热尔贝（Gerber）发明火锅奶酪，使其热尔贝卡兹公司（Gerberkase）在瑞士得到很大发展，后经与其他公司合并，目前成为瑞士最大的奶制品公司埃米奶制品集团（Emmi AG）的一部分，向世界各地销售其奶酪产品。目前，瑞士生产450种不同品牌和不同口味的奶酪。

弗里堡奶制品业

从穷小山国走出的食品企业巨无霸——雀巢

自哥伦布从美洲带回可可豆后，巧克力先从西班牙传到法国，再从巴黎传到瑞士。瑞士人弗朗索瓦·路易·嘉耶（Francois Luis Cailler）于1819年首先在韦维（Vevey）办起机械化的巧克力加工厂，后来其他人陆续办厂。随着交通的逐渐发达，菲利浦·苏查德（Philippe Suchard）于1880年首次在德国开办了巧克力工厂。“一战”期间，为绕过当时盛行的贸易保护主义，他又把工厂开到美、英、瑞典、阿根廷、南非等国。达尼尔·伯得尔(Daniel Peter）与嘉耶女儿结婚，建立了自己的巧克力公司。1929年，雀巢公司（Nestle）完全并购该公司。目前雀巢巧克力业务分布在60多个国家，营业额高达112亿多美元。

另一个著名巧克力生产商是罗多尔夫·林德（Rodolphe Lindt)。他有次下班时忘记关闭机器，偶然将巧克力搅拌成可流动状态，却发现不需用手工就可使之流入模子里。他将这一技术保密了20年。后因发生经济困难，将企业卖给了斯普运克里（Sprungli）巧克力公司，组成Lindt & Sprungli公司。这是目前瑞士最大的专营巧克力公司，在欧洲和美国设有8个工厂，产品销售至100多个国家。瑞士还有其他生产汤料、糖果、果酱、饮料等的著名公司。

但是雀巢（Nestlé原意为小鸟巢）是瑞士最大、最著名的跨国公司，也是全球最大的食品公司。该公司的创建和发展有许多经验值得借鉴。其创始人亨利·内斯特勒（Henri Nestle）的传奇人生反映出外国移民或难民对瑞士工业化进程所起的关键作用。

内斯特勒于1814年生于法兰克福，为避免在德国受政治迫害，于

1839年流亡瑞士，在韦维找到一份工作，成为药剂师马克·尼科利埃（Marc Nicollier）的助手。内斯特勒出自好奇心努力学习化学。尼科利埃不仅帮助他掌握业务知识，而且积极支持他融入当地社会。他进行了许多化学试验，制作出了汽水，后来从药剂师助手成为一家汽冰工厂的老板。

内斯特勒在观察中发现，许多工厂女工不能回家为婴儿喂奶，急需找到一种替代食品来解决困难。1867年，他从对母乳的分析中找到了一种配方，将牛奶与小麦粉科学混制成婴儿奶粉，解决了大批女工的困难。经过几次成功试验，内斯特勒于同年在工厂批量生产和销售婴儿奶粉，销售量大大超过预期，仅7个月就售出160万盒。从此，他研发的婴儿奶粉声名鹊起，销售到全瑞士、西欧、美国、澳大利亚和印度，开创了雀巢公司百年历程。到1873年，雀巢的产品甚至供不应求，不能及时供货。此时，内斯特勒已年逾花甲，精力不济，考虑退休。

住在韦维的州议会议员于勒·莫内拉（Julles Monnerat）早就觊觎雀巢公司。1874年，内斯特勒以100万瑞郎的价格将雇有30余员工的公司转让给他了。公司新主人很快将生产能力翻了一番，并集中力量开发新产品，其中著名的产品是炼乳。雀巢公司与一家美国人开的炼乳公司合并后，业务得到很大发展，除在瑞士建厂外，还在英国建立6家，在挪威建3家，在美国、德国、西班牙各建1家工厂。这为雀巢在国际上扩展业务打下了基础。

第一次世界大战开启了雀巢公司国际化的进程。当时公司的工厂大多建在欧洲国家，“一战”爆发后由于食品匮乏，公司经常将其奶制品全都卖给工厂周围城市的居民。在处于战争状态的国家中，原料供应困难及使用基础设施受到限制，生产成本增加。为应对上述挑战，雀巢公司转移到受战争影响较少的国家发展，特别是在美国并购工厂，与当地企业建立业务关系。到1921年，雀巢公司在世界各地已有80个工厂，其产量比1914年增长了3倍。

但是，"一战"后，商业竞争又趋激烈，雀巢公司遭到很大损失。雀巢公司进行了结构调整，特别是注意加大自有资金的回旋余地。当1930年发生大萧条时，雀巢公司比其他缺乏资金的竞争者处于有利的地位。

著名的雀巢咖啡

在此情况下，雀巢大量增加在国外的投资，1929年股市崩盘时，雀巢没有受到损失。1938年雀巢推出新产品速溶咖啡，在美国销售时取得巨大成功，从此雀巢公司享誉全球。至今，雀巢咖啡仍受到广大消费者青睐。

“二战”爆发使雀巢业务受到影响，1939年公司的利润从2000万美元降至600万美元。为预防瑞士可能被纳粹德国占领，公司将总部一分为二，一部分高层领导转移到美国康州斯坦福，以便能更好地监控国际市场。

“二战”也为雀巢公司带来机遇。英、德相互封锁及美国参战，使得他们对奶粉和速溶咖啡的需求量大幅增加，到1945年，雀巢总销售额从1亿美元增加到2.25亿美元，在美国的销量也达到6000万美元。“二战”后，雀巢已成为基础稳固的跨国公司，其战略从谨慎发展到大肆拓展。雀巢在欧美并购了许多工厂，还在餐馆和酒店业进行投资。1984年，雀巢推出奈斯派索咖啡（Nespresso），在日本试销大获成功，并于1986年组建专门公司售出此种胶囊咖啡。现在奈斯派索咖啡的销售额达到30亿瑞郎，其出口额超过奶酪或巧克力的出口金额，成为雀巢公司6000个品牌中营收最丰厚的产品。

20世纪末，公司产品创新能力减弱，不少观察家担心雀巢还能否继续高速发展。1981年，领导班子换人，赫尔穆特·毛赫尔（Helmut Maucher）就任总经理。他主张权力下放，节约行政开支，减少公司总部人员，给予接触市场和顾客的生产单位更多权利和回旋余地。公司总部的任务是提供服务，而不是去领导。

然后，毛赫尔全力并购新产品，占领新市场。他认为，哪里存在有购买力的顾客，就应在哪里鼓励创新。雀巢研发部门太集中，不易取得出色的成果。他表示，我更喜欢投资到那些证明有实效的创新中去。1985年至1988年，他花了数十亿美元并购了美国、英国、意大利的三家大食品公司。1991年又进行了31项并购。1990年至2005年，仅在中国就新建了21个工厂。1992年他向矿泉水领域进军，花了23亿美元向Vittel品牌投资，并购了Perrier品牌。雀巢公司还并购电器集团，使公司品牌更加多样化。

毛赫尔是通过改革股东结构，终结1959年关于瑞士股份必须占2/3的规定，才能实现上述大量并购的。20世纪90年代，雀巢公司由于实行了向国际资本开放的政策，比其他跨国公司取得了更加巨大发展。当前，公司63.5%的股票掌握在外国人手中。1997年毛赫尔退休，彼得·布拉贝克（Peter Brabeck–Letmath）被任命为董事长兼总经理。

布拉贝克继续其前任的并购政策，公司在拉美的业务得到很大发展。2002年，公司以102亿美元的代价收购了一家大型牲畜食料公司Ralston-purina，这使雀巢公司成为世界上生产牲口食料的最大集团之一。第二年，又花28亿美元对一家冰淇淋公司实行控股。由于多数名牌产品已经由雀巢公司或其竞争对手所控制，加之反垄断法的限制也越来越严，布拉贝克不得不放慢并购速度，转而注意巩固已有业务，提高效率。过去分国别管理的企业，改为分区域管理，合并同类的业务，由业务战略单位管理。

经过毛赫尔和布拉贝克两位高管的拓展，雀巢公司经历了一段黄金发展期。其营业额从1980年的216亿多亿瑞郎，增加到2010年的1097亿多瑞郎，年均增长近5%；同期，纯利润收入从27亿多瑞郎，增加到312亿瑞郎，年均增长13.46%：总计向股东分红1713亿瑞郎。目前雀巢公司总资产达2000亿瑞郎，在世界80多个国家发展业务，雇用员工33万余人，在瑞士国内仅有9000人。2013年公司纯利润达366亿美元，被评为效益最好的企业①。该公司总部仍设在韦维。

雀巢成功并购的奥秘

雀巢公司的并购为何能取得成功？综合一些商界人士的看法，加上笔者作为驻瑞士大使拜会时任总经理毛赫尔时的交谈，总结出以下原因。

（1）不能不惜代价收购企业。瑞士信贷银行领导人吕德洛夫（Hansjorg Rudloff）曾经指出："瑞士人能成功并购，因为他们从来不以过高价格收购企业，也不寻求不可能的协同作用。他们要的是摸得到的和可以实现的成果，不因并购大型项目使其头脑发热。"

（2）并购企业的同时，重要的是留住人才。毛赫尔说："企业取得成功，因为有优秀的干部在现场管理，我们要尽一切可能把他们留住。我们确定企业目标，放手让他们有完成任务的自由。"他甚至让刚并购企业的领导来管理企业，因为"他们比我们强，要把他们变成盟友而不是竞争者"。

（3）要会预测有增长潜力的市场板块。雀巢公司在并购矿泉水、婴

① R.James Breiding,《Swiss Made》, Edition Slakine, Geneve, 2014, pp.47~49.

儿食品、牲畜食料方面都做了很好的预测。在这些领域辨别品牌是很重要的。公司善于创建为消费者所熟悉和信得过的品牌。这意味着要一直提供优质、安全、营养的食品，给人带来美好的生活，不能虎头蛇尾。这样，消费者就总是愿意花钱买你的产品，即使有竞争对手也不怕。

(4) 在企业管理上，要就地取材，严格按雀巢公司的标准生产；既要放权，又要强化监督。20世纪80年代末，笔者在瑞士任职时曾专程去雀巢公司总部拜会毛赫尔。交谈中我十分惊讶地了解到，当时该公司资产高达1000多亿元人民币，相当我国当时一个大省份的国民生产总值，甚至超过瑞士联邦一年的财政收入。

当我问毛赫尔是如何管理这样庞大的跨国公司时，他着重讲了两点

奶酪制作

经验：一是雀巢公司既在发达国家，也在许多发展中国家建厂生产食品，各国情况迥异，不能用不同标准生产食品。要根据所在国情况，就地取材，就地建厂，严格按雀巢的标准生产食品，在国际市场销售。二是既要下放权力，又要加强管理。下放权力，就是让分布在世界各地的分公司和工厂的负责人根据当地的情况处理和解决问题，不要过分干预他们的举措，加强管理的最重要措施是通过审核其财务报表来判断经营情况，如发现问题，及时派员去检查和指导工作。他认为这是他管理这种大型跨国公司行之有效的办法。

瑞士食品工业已取得了巨大发展，在国际市场占有举足轻重的地位。评论家认为，在世界人口不断增长、人均寿命延长、城镇化扩大、民众收入特别是新兴国家民众收入大幅提升等因素的作用下，包括雀巢公司在内的瑞士食品工业，仍然有着广阔的发展空间。

纺织业的发展为工业化奠定基础

瑞士山民大多以畜牧业为主要经济来源。先富起来的牧民和农场主开设作坊，利用生产的羊毛和亚麻发展纺织业。18世纪初，法国胡格诺教派难民带来了棉纺织技术。棉纺织业在苏黎世、圣加伦发展起来，后来通过热内亚和马赛等港口从远东进口棉花在日内瓦和苏黎世加工。此前，来自意大利北方的宗教难民带来了生丝的生产技术，苏黎世当局甚至允许栽种桑树，经营缫丝业务。后来巴塞尔的丝绸业也发展起来，纺织业从此在瑞士主要城市得到发展，成为瑞士的主要产业。1770年，端士纺织业从业人员（包括家庭分包人员）达到10余万之多，1800

阿彭策尔州牧民

年瑞士纺织业拥有15.8万名职工。

然而，随着以蒸汽机为动力的纺织机在英国的应用，加之此时拿破仑的军队占领瑞士，打乱了原有的政治和经济秩序，瑞士在同英国的竞争中败下阵来。这使瑞士的有识之士懂得了以家庭分包为基础的生产模式行将结束，纺织工业机械化是唯一出路。1801年沃州人贝利斯在圣加伦的一家修道院开设了第一家机械化纺织厂，接着纺织业在瑞士东北部得到很大的发展。此时拿破仑对英国实行大陆封锁政策，禁止出口纺织机械。瑞士所需的机械一部分间接从英国进口，其余则就地生产。

瑞士的机械制造业在禁运中逐步发展起来。1866年，瑞士纺织业已有160万纱锭、近1.5万台织布机，居欧洲前列，在棉花供应和纺织产品出售方面都扮演了重要的国际角色。苏黎世成为棉纺织和丝绸纺织中心，巴塞尔从事丝带生产，阿彭策尔州专营刺绣业，到1911年仅刺绣业职工达到5万人，其产品出口占瑞士出口总额的15%。1900年，瑞士纺织业职工达到29.2万人，比一个世纪前几乎翻了一番，此时瑞士纺织业的产量与质量仅次于英国，占世界第二位。

然而，在瑞士，低附加值产品的消失是不可避免，必将由高附加值的产品所替代。整个20世纪特别是20世末，瑞士纺织品逐步被国际竞争边缘化。发展中国家以廉价的劳动力并用瑞士等西方国家生产的纺织机生产出物美价廉的产品，如巴基斯坦的纺织工人的工资只有瑞士工人工资的1/50。1980年至1990年，瑞士纺织业走向衰落，1990年到2000年的10年间其产量萎缩75%。当前纺织业的职工占工业部门职工总数还不到2%。瑞士大批生产纺织品的时代已一去不复返。但是在高档丝绸、高档刺绣等高附加值的纺织产品上，瑞士仍有很强的竞争力。

从纺织业中脱胎壮大的机械制造业

瑞士纺织业是机械制造业的开路先锋。如没有纺织业的发展，就不会有资本密集的机械制造业。更重要的是，纺织业中的印染业的发展，成就了端士的化工业、塑料工业特别是制药业的发展。

纺织业开辟了新的产业：机械制造业。在第二次产业革命中，瑞士以其80个“世界第一”而闻名，如1898年发明涡轮式发电机，1890年发明电动齿轨，1930年发明泵式涡轮，瑞士还生产船舶柴油机、矿山采掘设备、大型水电设备（如涡轮发电机组）、铁路机车车辆等。

笔者曾询问过访问瑞士的我国纺织部负责人:“我国能大量生产纺织机，为何还要进口瑞士的织布机?”对方坦诚告知:“我国确实能批量生产纺织机，但产品质量仍有差距，用瑞士织布机生产出的布匹主要供出口，而国产织布机则不能完全达标。”可喜的是，经过几十年的努力，我国已迎头赶上。瑞士国家形象委员会出版的《多姿多彩的瑞士》一书中指出:“不过最近，作为经济快速发展的新兴大国——中国，在这方面已经超过瑞士。”

瑞士机械工业发展经历了漫长的过程。随着第一次产业革命的深入发展，瑞士的纺织业面临英国的激烈竞争。英国首先发明织布机后，其产品在国际市场上占有绝对优势，瑞士为挽救民族工业不得不从英国、法国引进织布机与英国竞争。1801年，沃州人贝利斯在圣加伦市开设第一家机械化纺织厂，随后一些中小纺织企业也逐步走上机械化的发展道路。这为瑞士发展本国的纺织机械制造业奠定了基础。

更重要的是，19世纪初，法英两国在欧洲争夺霸权的斗争愈演愈烈。拿破仑1806年占领普鲁士后，立即在柏林宣布“大陆封锁令”，全面禁止英国商品进入欧洲大陆。瑞士也不得不被卷入对英禁运中。这既给瑞士带来挑战，也带来机遇。挑战在于，瑞士再也不能从英国进口纺织机械及零配件，也不能从英国殖民地进口棉花等工业原材料和咖啡、蔗糖等必需食品，给瑞士经济很大打击。

但是，坏事变成了好事。瑞士人被迫改变发展思路，自主研发纺织机械。苏黎世的棉纺织厂商Hans Caspar Escher从圣加伦纺织厂借了一台纺织机进行了成功的仿造，并用自己的产品使其纺织厂机械化了。

到1810年，该厂已拥5232个纱锭，并开足马力进行生产。由于生产效率大幅提高，原有员工的1/3就可管理好全厂生产。Escher的聪明之处在于，他利用剩下2/3的劳动力专门从事生产纺织机械，并出售给其他纺织厂。第二年，他的儿子Albert Escher建厂，生产纺织机械对外出口。

立达公司（Rieter）也经历了同样的创业过程。这家家族企业于1826年开始生产纺织机械，然后产品多样化，生产输电设备、发电机、涡轮机等产品。到1820年，瑞士不仅用本国生产的纺织机械使其纺织业进一步现代化，而且“大陆封锁令”又打击了英国，为瑞士纺织品在欧

著名的瑞士军刀

洲销售提供了机遇。瑞士生产的织布机的水平大大超过英国，由此，瑞士完成了从仿制者到创新者的华丽转身。

然而，瑞士缺煤，不能为蒸汽机提供动力，但是有河流与湖泊，工厂主们便竭力利用这些充足的水力资源提高效率。1834年，Escher Wyss公司发明了一种水轮机，这是后来研发的水力涡轮机的雏形。在后来的几十年中，水力涡轮机成为该公司特有产品。现在，水力资源为瑞士提供了56%的能源需求。机械制造业一度成为瑞士的第一大产业。

瑞士蒸汽机的发展还得益于英国人查理·布朗（Charles Brown）。1851年，他私自带着雇主的蒸汽机图纸来到曾在英国为他当助手的瑞士人苏尔寿（Johann Jakob Sulzer）父亲在瑞士温特图尔开办的苏尔寿工厂，并把工厂改造成生产蒸汽机的工厂。1854年，该厂生产出首台3匹马力的蒸汽机。1867年，布朗又在巴黎万国博览会上展出了他的创新产品——阀门蒸汽机（moteur a vapeur a soupages），并荣获头等奖，使苏尔寿公司一举成名。在20年中，苏尔寿工厂的员工数量由50人发展到1000人，增加到20倍。1871年，布朗离开苏尔寿公司去领导一家瑞士机车车辆厂，该厂研发出齿轮火车，使火车能爬上1700米的山坡。1884年，布朗又跳槽到Oerlikon公司，推动该公司生产输电设备。不久布朗返回原籍，由其儿子查理·布朗（Charles.E.L.Brown）接替他的工作。

小布朗继续创新，因建成150里长的高压输电线而一举成名。小布朗是技术创新的高手，但不是经商的行家。正好有一位伙伴可以将他的研究成果商业化，这就是德国工程师包维利（Walter Boveri）。他于1885年加入Oerlikon公司，善于招揽顾客和筹集资金。不久，布朗和包维利不愿老是当雇员，打算开办自己的公司，但是无人愿借给他们50万瑞郎作为资本金。一直等到1890年，当包维利和苏黎世丝绸商女儿结婚后，从其岳父那里借到这笔资金，在巴登小镇创建了布朗–包维利公司，并取得很好的效益。5年后，该公司为巴登镇提供了1000个就业岗位。这是布朗创造性和包维利生意经相结合的结果。然而两人的性格互不相容，布私心很重，1911年，因控制成本问题与包维利闹翻了，辞去了公司董事长职务，而包维利则继续经营公司，并把公司建成一个跨国集团，为世界电力发展做出了贡献。19世纪初以来，其他机械制造公司也纷纷发展起来，如Bucher工业公司、Bobst公司、Ammam集团等都发展成为有一定国际影响的公司。

但到19世纪下半叶，国际竞争越来越激烈，特别是1871年法国被德国打败及1873年股市崩盘，法国等国提高关税来应对更加激烈的竞争，瑞士企业唯一的选择，就是绕过有关国家高关税的障碍，增加在国外的生产。Escher Wyss公司在奥地利、德国开设了分公司。1881年，苏尔寿公司也在德国设厂，生产著名的蒸汽机并在米兰和莫斯科、开罗、日本设立销售点，还同德国公司合作生产柴油机，并成功对外出口，几年后世界上一半的船只装备着苏尔寿的发动机。1900年，布朗–包维利公司国外分公司的员工人数已超过瑞士国内的员工人数。这就使得瑞士比其他国家更早走上全球化的道路。

“二战”爆发既给瑞士机械工业带来机遇，也给其声誉蒙上阴影。

交战国之间的两大战团互相制裁，瑞士成为双方可信赖的供货商。同时战争提供了资金和人才流入瑞士的机遇。许多瑞士企业与纳粹德国保持了热络的经济关系，特别是Oerlikon-buhrle公司向交战双方出售武器，引起世人的批评和反对。

医药、化工产业后来居上，傲视同侪

到18世纪，瑞士纺织业为满足用户对花色品种多样化的需求，急需解决染料问题。同时，随着农业的发展，也需解决化肥和农药问题；随着食品工业的发展，也需解决食品调味剂和保鲜等问题。这在客观上促使有关厂商对化学工业进行投资，研发所需产品。到19世纪末，瑞士已形成以巴塞尔为中心的较为完整的化工、制药产业。最著名的公司有西巴、嘉基、山多士、罗氏公司等。它们生产医药、染料、香料、农药等产品。这些产品以质取胜，在国际市场上占有重要的地位。

具体而言，瑞士化工和制药业的发展首先得益于英国人威廉·珀金（William Perkin）。威廉·珀金于1856年因偶然机会第一个发明合成苯胺紫。当时，英国人对这种合成染料不屑一顾，因为他们可以从殖民地输入大量各种类型的植物染料。但是，对于瑞士和其他有重要纺织工业企业的欧洲国家来说，这项发明却是一个意外的礼物。合成苯胺紫经过瑞士试验单位的进一步化验，发现它对纺织工业和制药业有着广泛的潜在用途。罗氏制药公司研制成安定片（le valium），成为当时最畅销的药品，20年中，公司获利10亿瑞郎。

---

① R.James Breiding，《Swiss Made》，Edition Slakine，Geneve，2014，p.272.

随着科研的发展，1869年俄国人门捷列夫（Dmitri Mendeliev）首创化学元素周期表，后经多名科学家多次修订，形成当代的周期表。这一创举使科学家们有可能通过各种元素的组合形成新的有用化合物，如新染料、香水、化妆品和药品。从此，科学家和科研工作的重要性被突出了，成为第一生产力。瑞士从这些革命性的科学发明中获益良多。

其次，瑞士化工、制药业的发展也从邻邦——德国的发展中受益。19世纪末20世纪初，德国成为世界化学工业的中心。瑞士科学家大多会讲多种语言，加之地理上接近便于往来，德国科学家很愿意与瑞士同行共同发表科研论文，并来瑞士进行学术交流。因此，瑞士的EPF和苏黎世大学的传统化学研究在德语国家中名列前茅，并一直保持到20世纪70年代末，然后转向对分子生物学和生物技术研究。

这一时期，为巴塞尔4家大型化工和制药企业中的3家打下了基础。1758年，瑞士人嘉基（J.R Geigy）在巴塞尔建立嘉基公司，经营化工产品、染料和药品，并于1857年与约翰·米勒-派克（Johann Muller-pack）合资开设一家染料作坊。1901年，嘉基家族企业转为有限公司，定名为J.R.基嘉有限公司，除生产染料等纺织助剂外，还生产杀虫剂、除草剂和药品。西巴公司(Ciba）创立于1884年，初期主要生产染料，后来逐渐发展成为生产多种化工产品的公司。1886年，肯内（Alfred Kern）与山德士（Edouard Sandoz）合伙成立肯内-山德士（kern & Sandoz）化工公司，主要要生产染料。1895年肯内去世后，合伙公司转为山德士公司，除生产染料外，还生产药品和食品添加剂等产品。由于制药业有利可图，豪夫迈-罗氏公司(F.Hoffmann-La roche & co) 于1896年创建，专门从事药品生产，是以研发为基础的公司，并很快生产出止咳糖浆。1898年，西巴公司生产出退热镇痛药安替比林。随后，嘉基、山德士等公司纷纷由家族式企业改为股份有限公司，并从事药品生产。此时，企业家们为获取利润，争先恐后地创建化工和制药企业。

第一次世界大战期间，由于同盟国对德国实行封锁政策，瑞士乘机打入德国的化工和医药市场。战争形成了对灭菌剂、止痛药、镇静药、退烧药的巨大需求，1913年至1920年，瑞士的化工产品出口增加了7倍。战争结束后，价格竞争加剧，西巴、嘉基、山德士公司组成卡特尔很快控制了市场，保持了市场价格水平，有效应对了德国大批产品的竞争。

蔡方柏大使 1998 年 3 月参观西巴-嘉基制药厂

然而，欧洲染料工业受到美国竞争的压力，1929年，德国、法国、瑞士组成三国卡特尔应对美国，这个联盟一直持续到1939年。

20世纪20年代，贸易保护主义在许多国家抬头，对瑞士的出口构成挑战。在此情况下，瑞士只好鼓励厂家转移到国外生产。1925年巴塞尔商会的报告显示，该州化工业雇佣的工人有一半以上是在国外从事生产。到30年代，染料业与制药业逐步分开经营，制药业更多依赖国际市场，罗氏成为瑞士最国际化的公司。1940年，罗氏把总部迁移到美国的小城市Nutley，万一纳粹德国占领瑞士，罗氏可保持完整的领导机构。罗氏还雇佣多名德国犹太科学家，并把他们派到美国从事研究工作。而其他公司则不敢雇佣犹太科学家，害怕遭到德国的报复。

直到20世纪30年代初，瑞士制药业在研发方面很少投资。“二战”前夕、战争期间及战后，大型企业大量投资制药业的研发。罗氏尤其重视对基础研究的投资，其最引人瞩目的成果之一，是一位波兰犹太移民合成出维生素C，并将专利卖给罗氏公司。罗氏与雀巢公司合作将维生素用于食品工业取很大成功，并开拓了新的市场，从而确立了罗氏在多种维生素市场的领导地位。1938年，化学家艾伯特·霍夫曼合成出麦角酸二乙基酰胺（LSD），为脑神经传导研究奠定了基础。1939年，嘉基公司的研究员米勒（Paul Hermann Muller）第一个发明杀虫剂滴滴涕（DDT），不仅对提高农作物的产量起到积极作用，而且可利用它治疗疟疾。但是由于滴滴涕造成植物区系和动物区系的衰退，1972年美国禁止使用后，其他国家也采取了同样的措施。20世纪60年代，罗氏公司研究员雷奥·斯敦巴克（Leo Sternbach）研发出利眠灵（Librum）后又研制出疗效更强的安定片（Valium），60年代末到80年代初成为美国使用最多的药品，销售额超过10亿美元，成为历史上第一个“明星药品”。斯敦巴克退休时已经申请了230项专利，占罗氏公司总专利量的1/5。罗氏公司由于有了上述等一系列发明而成为制药业的巨头。

法国宗教难民对瑞士钟表业的巨大贡献

16世纪末，瑞士只能生产大时钟。但是，1572年和1598年，法国胡革诺派教徒遭到屠杀后，大批宗教难民涌入日内瓦，他们带来了生产手表的技术和资金，从1587年开始在日内瓦生产手表。由于日内瓦不能容纳过多的有技术的手工业者，一部分人转移到纳沙泰尔（Neuchatel）和汝拉山等地区谋生，从此手表业很快在这里发展起来。山区农民冬天没有农活，很愿意以低廉的工资在家中生产手表零件，春天下山向组装手表作坊交货，这样端士的钟表生产初步实现了分散的批量生产。到19世纪中业，制表机械的出现，更大批量生产手表成为可能。

1839年，两位波兰移民诺尔贝·德·珀泰克（Norbert de Patek）和弗兰索瓦·查佩克（Francois Czapek）在日内瓦创办生产手表作坊，几年后法国人让·阿德里安·菲律浦（Jean Adrien Philippe）加盟进来，在查佩克退出后，珀泰克·菲律浦（Patek Philippe）逐步成为瑞士最著名的高档手表生产企业之一。一只该品牌1939年出品的白金腕表在2002年以600万瑞郎的价格出售，打破历史纪录。

瑞士在世界上最有名的手表要算欧米伽表（Omega），它是由钟表批发商路易·布朗的两个儿子路易·保罗和恺撒于1894年在Bienne建厂生产的，该企业后成为瑞士最大的手表生产商。该厂既生产体育运动的精密计时器，又生产高档手表，1969年美国两名航天员带着瑞士欧米嘉手表登上月球，此举使该品牌享誉全球。

19世纪末，瑞士呈现出现代化表厂与手工操作并存的局面：2/3的从业人员在工厂生产，1/3的从业人员在家庭制作。此时，瑞士钟表业得到很大发展，但却又面临严峻的国际竞争。1876在美国费城

瑞士布谷鸟钟

（Philadelphie）主办的万国博览会上，瑞士人雅克·大卫（Jacques David）惊讶地发现美国手表零件的生产不但合理化、标准化，而且比瑞士手表更准确、更物美价廉。回国后，他撰写了一份报告，指出为应对国际竞争，瑞士应大批量生产可组装在任何一只表上标准化的零配件。经过多年的追赶，在1893年芝加哥万国博览会上，瑞士手表生产又居世界前列。瑞士手表业不仅实行计量制并推行标准化，而且生产出了款式更美的手表。20世纪初，瑞士已成为世界上最大的手表生产国之一，特别是1920年，瑞士由于能大批量生产腕表而成为世界第一大出产国。

然而发明腕表的人既不是瑞士人，也不是钟表匠，而是在一个生在德国的企业家维尔斯多夫（Wilsdorf）和英国的投资商大卫（David）。腕表首先出现在一家名为Wilsdorf & David的伦敦钟表商店里。维尔斯多夫很细心地观察到，男人穿背心的传统逐渐消失，这意味着戴挂表的时期行将结束。他从这里看到商机，找到一个厂家生产一种比一般挂表直径小10毫米的小腕表，取名为劳力士（Rolex），并于1908年申请了专利。然后，他于1910年将劳力士表提交有关部门。经两周测试，该表获得了日内瓦官方手表观察局的计时证书，1914年也获得英国国家物理试验室的计时证书。随着时间的推移，劳力士不断得到改进，增加了防水表壳和自动发条等功能，成为瑞士最名贵的手表。劳力士开启了腕表新时代，特别是第一次世界大战期间，腕表成为军事和救死扶伤的必需品，“一战”后的几十年间，腕表获得巨大成功和普及。

1929年的大萧条，使瑞士钟表业出口突然大幅下滑。为应对危机，钟表业在联邦政府和银行帮助下，组织了钟表业的卡特尔，对各品牌价格进行一定控制并禁止出口零配件，加之瑞士法郎于1936年9月贬值30%，这些措施产生了良好效果，1937年瑞士钟表业重新回到正常的发展轨道。“二战”期间，利用国际竞争减弱，并可向交战双方出售手表和精密计时器之机，瑞士钟表业得到进一步发展。

第四章

“二战”后迎来黄金发展期，成为世界首富

1945至1974年，瑞士国内外形势为其提供了最佳发展机遇：一是瑞士工业在欧洲国家中唯一未受到战争破坏，且在战后重建中得到快速发展；二是瑞士拥有充足的资金，可及时投入到建设项目中；三是瑞士当时的社会保险负担和税收较轻，企业利润丰厚；四是瑞士可从邻国招到相对廉价的劳动力；五是瑞士拥有严密的银行体系，可为实体经济发展提供资金。利用上述有利条件，瑞士加速发展本国经济。特别是1950年至1973年，端士国内生产总值由199亿瑞郎增至1311亿瑞郎，23年间增长659%①。

1974年石油危机后，瑞士以发展现代产业为导向，进一步调整产业结构。重点是通过科技进步和创新，巩固、提升第一产业，做强、优化第二产业，做大、做全第三产业。产业转型升级，形成了现代农业、先进制造业、现代服务业相结合新的产业格局。

---

① Niklaus Flueler，Switzerland: A Phaidon Cultural Guide，prentice hall press，1985，p230.

1 在发达国家中，瑞士对农业支持最多

瑞士的农业集约化生产不断扩大。农业经营单位数量一直在下降，到2002年仅有67421个，平均经营土地面积为15.9公顷。随着农业机械化的进一步推广，农业经营单位面积进一步扩大，农业从人员不断减少。1950年，瑞士农业从业人员占全国劳动人口的比例为21%，后逐年减少，到2013年减到约16万人，占其就业人口的3.7%。瑞士的主要农作物为小麦、燕麦、马铃薯和甜菜，肉类基本自给，奶制品自给有余，生产400余种奶酪。

在发达国家中，瑞士是对农业支持最多的国家。1999年，瑞士对农业的补贴占农民收入的73%，而其他发达国家只有40%。瑞士为实现农业现代化确定了三项目标：保障居民食品供应安全；维护自然资源，保护农村风光；下放土地的使用权。

为达到上述目标，政府采取了两项重要措施。一是减少对农产品价格的支持及对农业生产相关的补贴，改为直接补贴农民，鼓励从事保护环境的生产。2002年，联邦政府对农业41亿瑞郎的开支中，62%用于直接补贴和相关的社会支出，30%用于支持价格和推销农产品，8%用

于科研、培训、咨询。二是为增强农产品在国际市场的竞争力，争取在关贸协定和后来的世贸协定中继续享有特殊条款给予的优惠条件。在与欧盟签订的双边协定中，规定5年后相互取消对奶酪、水果、蔬菜、肉类和葡萄酒的关税和出口补贴；同时还规定减少或取消贸易中的技术障碍。

半个多世纪以来，瑞士农业产值在整个国民经济中的比重、农业从业人员在全国劳动人口中的比例持续急剧下降，但农业现代化得到进一步提升。集约化农业生产使劳动生产率不断提高，产量翻番。2014年，瑞士农业产值达到258亿瑞郎，其中70%来自畜牧业。瑞士饲养了150多万头牛、150万头猪、50多万头绵羊和山羊，食品自给自足率提高到60%。瑞士绝大多数农场由家庭经营，对自己的土地拥有产权和从事

锡永的葡萄丰收

何种生产的自由选择权。这既能使农场之间进行兼并，以降低经营成本，提高经济效益，也可推动农场主对土地和饲养的牲畜进行优化。目前，10%以上农业用地是严格按照有机农业生产原则进行耕作。在山区，有机农产品比例达到50%。在林业方面，瑞士早在1876年就通过了《联邦森林法》，该法严禁砍伐林地，如获特殊许可，则需按照同样面积重新造林。如今，瑞士森林面积达1.222万平方公里，覆盖率达30%。每年新增木材产量700万立方米，采伐只有520万立方米。瑞士森林的生态出现良性循环，森林从业人员达到8万人之多。

② 令世界瞩目的高精尖技术产业

根据本国国情，瑞士走的是以发展高精尖技术产业为特征的新型工业化道路。鉴于本国资源缺乏、环境脆弱的特点，瑞士以科技进步和技术创新为动力，以提高企业竞争力和经济增长质量和效益为目标，努力在科技含量高、经济效益好、资源消耗低、环境污染少、人力资源得到充分发挥的工业部门，大力发展技术、资产密集的产业。

当前，瑞士已建成具有竞争力的工业体系，其主要支柱产业有化工、制药、机械制造、食品加工、光学仪器等多用途的精密仪器制造和高档钟表业。特别具有竞争优势的是与健康有关的制药、视听仪器、医疗器械制造工业。工业制造技术水平先进，能生产出高精尖的优质产品。在世界上享有盛名的大企业有ABB、雀巢、诺华、罗氏、苏尔寿等公司，其余大多为中小企业。2013年，瑞士工业就业人数为103.7万人，占总就业人数的23.9%。

罗氏、诺华等企业是医药化工业的名片

“二战”后，瑞士进一步加大对创新研发的投资力度，使其化工和

制药业在20世纪70年代初成为瑞士的第一大工业部门。但是，化工、制药业面临着新的挑战，并发生了多起严重事故，造成重大损失。面对新形势，此行业不得不进行结构调整。

1970年，西巴和嘉基两大公司宣布合并，组成西巴-嘉基公司。新公司转向加强对生物化学、分子生物学和免疫学领域的研发。这就使得瑞士的化工、制药业更加多样化。

1974年石油危机后，出现“二战”后第一次大衰退，染料工业、化工原料工业等部门受到重大打击，而制药企业和农食品化工业却未受到影响。瑞士制药公司由于掌握有充足资金和技术专利，开始了新一轮的产品多样化进程。

罗氏公司将其利润进行大量投资，1963年并购了生产香料和香水的Givaudan，1968年又在化验和诊断设备领域投资。

山德士公司多样化的力度更大，它投资食品工业，1967年买下Wander，1978年并购了生产松脆面包的Roland et l’usine Lakerol公司，1977年又并购了连锁俱乐部（La chaine de clubs deftness John Valentine et Passa）等企业。经过反思，山德士公司看到自身部门过多又没有效益的弊端，转而大量投资制药业，并采取裁员和节省开支的严厉管理措施降低成本，使企业重新走上正轨。然而真正使企业降低成本，并获得利润的是研发新产品。继1943年在生物技术领域取得第一项重大突破——从真菌培养出盘尼西林后，该公司又从20世纪50年代起，生产出氨基酸和酶，1953年解码了脱氧核糖核酸（DNA）的结构，构成了新式科学的里程碑。由于解码了DNA的结构，才于1960年破译了遗传密码，从而为遗传技术开辟了道路。

起初，制药企业低估了这些新发明的经济潜力。罗氏公司一贯重视基础研究，对巴塞尔免疫学院的研究工作很感兴趣。1970年，该学院的研究员乔治·科勒（Georges Kohler）创建了生产抗体素的方法。但当时罗氏没有估计到这项技术的商业价值，发明者的公司都没申请专利。然而无论在诊断上还是临床上来说，其重要性是巨大的。可惜的是免疫学院的许多发明未能用来生产新的药品，其主要原因是，老一代的研究人员与年轻一代的生物学家几乎没有接触，他们首先要改变观念，才能开发生物技术的经济潜力。

山德士公司的研究人员带头在新领域进行创新，1973年研发出环孢霉素A，其商品名称为山地明（环孢素）。这种免疫抑制药品使过去不能进行的器官移植成为平常手术，器官移植中等成活率高达数十年。山德士公司获得了巨额经济效益，到2000年山地明（环孢素）的销售额高达20亿瑞郎。接着其他部门的科研人员也陆续投入新的领域研发工作。1979年，苏黎世大学逆遗传学院院长查理·梅斯曼（Charles Meissmman）及其同事研发出干扰素（interferon），它对治疗病毒感染起着关键作用。

在新形势下，罗氏公司由于研发工作停滞不前，公司业务很不景气，1978年处于倒闭的边缘。罗氏家族掌门人保罗·沙舍（Paul Sacher）本人是作曲家和乐队指挥，他任命苏黎世保险公司董事长兼总经理弗里茨·热尔贝（Fritz Gerber）为罗氏的总负责人。

这两人既不是化工制药业的行家，也不是其他领域的科学家，但是，他们有决心和才干管理好企业。热尔贝曾说，如果要成为最优秀的企业，必须要有一个掌舵人，他邀请魏斯曼（Weissmman）参加罗氏董事会，还聘请了另一关键人物——有经验的银行家亨利·梅耶（Henri Meier）。此人通过向股市大胆投资获得了大大超过制药部门利润的收益，使罗氏公司拥有了足够的资金。

热尔贝对新技术的嗅觉非常灵敏，他很快改变策略，并购了基因技术公司（Genentech）60%的股份，并买下Cetus PCR诊断产品。基因技术公司在多个领域不断创新，推出人用胰岛素、干扰素、人用生长激素和t-PA及最近研发出治疗癌症的药品阿瓦斯汀（Avastine）。此药成为畅销药品，仅2009年销售额就高达59亿美元。罗氏公司让基因技术公司转为专门从事金融投资业务，通过这一改变，网罗了大批人才并开发出了一批很有发展前景的产品。目前，罗氏公司大部分收入来自基因技术公司研发出的药品。

罗氏购买的聚合酶链反应技术（PCR）可分辨出DNA的序列，成为检查艾滋病和肝炎的关键技术。罗氏于1998年用110亿美元购买了Boehringer Mannheim试剂公司，从而掌握了可能研发出无限量新药的产品。最近，罗氏公司从长期战略考虑，用470亿美元购买了基因技术公司剩下的40%的股份，这相当于公司自1896年创建以来所积累的全部资产。当热尔贝于1978年出任罗氏公司首席执行官时，该公司资产仅63亿瑞郎，在他1998年退休时，公司资产高达1100亿美元，股东们的收益是投资金额的17倍。

西巴-嘉基公司则选择了与罗氏不同的做法。该公司不进行并购，而是将本公司的研究重点转向生物技术。1983年，公司雇佣巴塞尔的医生阿勒克斯·马托（Alex Matter）研究肿瘤学，他的一个带有高风险的项目是建立在蛋白质激酶（les proteins kinasses）的基础上。当激酶有缺陷时，它就启动了癌的无序扩散。马托和他的研究团队研发治疗癌症的药品未能成功，公司领导也失去了耐心。经过7年及数百次的试验，科学家们终于合成出STI–571，对一种血液癌症有效果。但是公司市场营销负责人则对其商业潜力表示怀疑。

1996年当西巴–嘉基与山德士合并成诺华（Novartis）时，马托获准继续对STI–571进行研究，并进行临床试验。新公司药品研究部主任保罗·赫林（Paul herrling）研究了此项目后表示，他对STI–571成功的最大贡献是不要放弃该项目。1998年，临床试验终于取得了成功，这促使诺华公司批量生产该药品，也推动有关当局加速对此药品的审批程序。此药的商品称号叫格列卫（glivec），是治疗慢性髓性白血病和胃肠道间质肿瘤的药品。截至2010年，格列卫的销售总额达到42亿美元。

瑞士制药业虽然取得很大进展，但是又面临新的挑战。一方面，世界制药业竞争全球化，需要采取新的措施加以应对；另一方面，研发投资的风险增长，为研发出一种新药品需要花10~15年的时间和10亿瑞郎甚至更多的投资，而统计显示，被批准生产的10种药品，只有2种真正具有经济效益。在此背景下，瑞士制药业需要进一步合并，把本国制药业推到更高的水平，才能增强竞争力并规避投资风险。

1996年，西巴–嘉基公司与山德士公司合并成为诺华公司（Novartis），这是瑞士企业合并中最重要的事件，使瑞士制药业真正达到了世界水平。诺华公司新任董事长兼总经理达尼尔·瓦兹拉（Daniel Vasella）上任后，在几个月时间内对企业进行了彻底改组，压缩了几个重要部门。西巴公司专营化工产品，后被一家德国公司所兼并；诺华于2000年放弃经营农食品化工业务。在大合并前，山德士公司已经放弃大规模生产化工品，并建立Clariant公司在股市上开展业务。为降低成本，裁员1万人，其中巴塞尔地区裁了3500人。同时瓦兹拉在研发领域大量投资。这些改组的结果是为创建大批小企业铺平了道路。这些小企业

瑞士诺华制药公司

的业务兴旺，受到业内人士和公众的尊重。如1997年成立的基因数字公司雇用了100名高素质的科学家专门研究生物信息，研发管理银行的复杂的大数据系统。

总之，瑞士花了两个世纪使其制药业、化工业从纺织业过渡到世界工业中的最重要领域，并起到举足轻重的作用。2009年，瑞士最重要的前10家制药和化工企业在全世界雇佣31万员工，出口1500亿瑞郎。在世界5大制药企业中，有两家在瑞士，即诺华公司和罗氏公司（pfizer在美国，Sanofi-Aventis在法国，GlaxoSmithkine在英国）。据专家预测，未来取得成功的9种新药品，有3种将可能出自罗氏的化验室，1种出自诺华的化验室。更说明问题的是，自2005年以来，诺华和罗氏公司的医药销售最好，一直领先其他公司。瑞士的一个优势是大型跨国公司、著名大学和生物医学研究院之间合作启动快，这些有利条件使瑞士有建立新企业的肥沃土壤。最重要的角色总是由诺华和罗氏两大巨头来扮演。

诺华公司占有罗氏公司近1/3的股份，在140个国家雇用了12.4万员工，2011年的营业额高达590亿瑞郎，并先于其他企业生产出基因药品，也是世界上最大的眼药生产商。诺华营收的17%投入到研发，形成了世界性的研发网络。诺华于2002年将其主要研究中心转到美国的坎布里奇（马萨诸塞州），2009年在上海建立了中国最大的药品研发中心，并在新加坡创建诺华学院，专门从事登革热和抗药性肺结核等热带疾病研究。

罗氏雇佣员工8万人，营业额达500亿瑞郎，其发展速度比一般企业快，主要产品有抗癌药品阿瓦斯汀和防感冒疫苗。

蔡方柏大使 1998 年 3 月参观西巴-嘉基制药厂

瑞士制药业长期以来具有竞争力，特别是罗氏和诺华能很快适应形势的变化。然而这两家公司是殊途同归。罗氏强调创新，成为世界上最大的生物技术公司；而诺华推行多元战略，在多个部门进行开拓。两者的战略都获得成功。诺华和罗氏两家公司的市值高达2260亿瑞郎，其中诺华为1280亿，罗氏为980亿。2010年，瑞士的化工和医药产品出口达760亿瑞郎[①]，成为瑞士出口最多的部门，超过手表或机械产品出口额的一倍多。然而，化工、制药部门也是研发投资最多的部门。20世纪80年代末，笔者应邀参观西巴-嘉基制药厂时，厂方负责人介绍说，他们每年用营业额的10%~15%来研发新产品，同时引进其他国家的新技术，

① R. James Breiding，Swiss Made: The Untold Story Behind Switzerland's Success，2013.

以保持产品的竞争力。

瑞士的其他化工产业也不容小觑。染料业规模位于世界前列，为纺织印染、皮革制造、造纸、印刷、建筑等部门提供了所需染料或油墨。日内瓦则是香水和食品调味剂制造中心。

鲜为人知的隐形冠军：医疗器材制造业

瑞士的医疗器材制造行业现有740余位专业生产商，其中最著名的有Synthes、Sonova、Nobel Biocare。它们大多是中小企业，生产的外科手术器材、植入物（如假牙、心脏支架、人造关节等创伤性植入物）、助听器、诊断仪器、试验室仪器等产品都居世界前列。鉴于世界医疗器械行业年产值高达3360亿美元，大的跨国公司也在抢占市场。

罗氏集团的诊断仪器公司的规模远超过其他中小公司，2009年其营业额100多亿美元，占国际诊断仪器市场的1/4。据瑞士医疗技术器材产业组织2010年调查显示，瑞士医疗器材产业同年将增长10%，2011年增长12%。其产值占瑞士国内生产总值的2%，创造就业岗位4.9万个，相当于该国劳动人口的1.4%。该行业产品的出口占瑞士产品和服务出口总量的3.2%。

20世纪50年代发明电子管后，瑞士的医疗器材工业才得到快速发展。经过数十年的发展，瑞士医疗器材产业在国民经济中的地位可与制药业或食品工业等量齐观了。

这项产业之所以在瑞士得到快速发展，其主要原因有三：首先，是瑞士人历来擅长从事精密和微型仪器的生产；其次，是瑞士有重视产品质量的优良传统；再次，是瑞士企业愿意投资，具有国际视野，能很快适应环境的变化，并把科学家、工程师和医生等专业人员联合在一起共同创新开拓。这也许是瑞士能在此产业中取得成功的最重要因素。

机械制造业优势受到强力挑战，ABB应运而生

“二战”爆发，既给瑞士机械工业带来机遇，也给其声誉蒙上阴影。交战国之间互相制裁，瑞士成为双方可信赖的供货商。同时战争提供了资金和人才流入瑞士的机遇。许多企业与纳粹德国保持了热络的经济关系，特别是欧瑞康-布尔勒公司（Oerlikon-buhrle）向交战双方出售武器，引起世人的批评和反对。有人不无讽刺地评论说:“瑞士人每周为纳粹工作六天，星期日为盟国胜利而祈祷”[①]。

“二战”后，欧洲的重建使瑞士机械制造业得到迅速发展。20世纪60年代，瑞士机械制造业年均增长16%；到60年代末，机械产品出口额占瑞士出口总额的1/3，其营业额超过化工和钟表业的总和，从业员工达到50万，占全国劳动人口的1/6。此时机械制造业已成为瑞士经济的首要支柱产业。同时，外国的竞争也在加剧，瑞士企业急需联合起来才能应对面临的挑战。

苏尔寿公司从1961年起连续并购了包括Escher Wyss在内的几家公司，布朗-包维利公司并购了欧瑞康（Oerlikon）等公司。这些并购虽然增强了行业实力，但由于布雷顿森林体系的崩溃和1973年固定汇率的终结，使瑞郎直线升值，企业经济效益大幅下降。

---

① R. James Breiding，Swiss Made: The Untold Story Behind Switzerland's Success，2013，p272.

真正的难题是日本和美国夺走了瑞士的技术优势，特别是日本人使用自动化，大量生产出质高价廉的产品，而瑞士人生产的质高而价格昂贵的产品就难以同日本人竞争。1975~1976年的经济危机对瑞士的冲击比对其他经合组织（OECD）国家要大。多年积累起来的问题终于爆发出来，瑞士在建筑业和机械制造业丢失了30万个就业岗位。由于机械制造业缺乏竞争力，瑞士企业不再雇佣外籍劳工，而是转移到外国生产，或并购竞争对手的企业或到外国设立自己的分公司。但是核心问题仍未得到解决，即瑞士科技人员在产品设计和生产中未能很好地抓住信息革命所带来的机遇，从而失去了技术优势。加之世界纺织机械制造业发生了较大的变化，使瑞士遭受灾难性打击。

20世纪80年代初，瑞士纺织机械销售停滞，生产向新兴国家转移。同时，瑞士最好的企业布朗–包维利公司的经营情况也不妙，没有重视经营好本公司的发明。鉴上所述，该公司寻求较为彻底的解决办法，1988年宣布与瑞典阿西亚公司（ASEA）合并，成立ABB公司，以便同美国的通用电器公司（General Electric）和德国的西门子（Siemens）公司在国际市场展开竞争。这是欧洲历史上最大的合并。

ABB公司在世界140个国家雇佣16万员工，营业额达到150亿美元。其总经理佩西·巴洛维克（Percy Barnevik）对这家不景气的公司进行了重组，创建了5000个独立的利润中心，把责任落实到最基层的单位，中心主任有责任确定目标和达标的办法。公司总部的人员减到150人。然后，他进行大肆并购，在他任职期间，实现了240项并购交易。到20世纪90年代，ABB成为世界上最令人羡慕的企业之一，是一个全球性的电气工程集团，主要业务包括开发、生产和销售发电设备、高压输电设备及系统、中低压配电设备及安装和电力机车等。其营收从175亿美元上升到338亿美元，股市价值增长5倍。

但是，ABB公司有一个致命弱点，就是资本金不足，依靠杠杆化把资金扩大到330亿美元，而公司实际只有60亿资本金，其他主要是依靠借短期资金来进行并购。更严重的是，巴落维克的继任人高朗·林达尔（Goran Lindahl）将效益很好的能源生产部卖了。到1999年，当世界经济不景气时，公司订单不足。总之，这种权力下放的机制在业务扩张时期运转良好，但在业务不景气时，就不适应了。2013年，ABB的营业额上升为402亿美元，税前盈利40.58亿美元，现有员工14万人。

随着经济全球化的深入发展，大量工业性投资流向海外，国内投资相对不足，生产性产业岗位日趋减少。有鉴于此，瑞士正积极推行“再工业化”战略，避免国内产业结构空心化。机械工业正加快突破传统产业结构，向新的技术领域迈进。原子能技术、空间技术、信息控制技术、微电子技术及光电技术都成为投资重点。

瑞士产业结构中的另一特点是，中小企业数量占绝大多数。瑞士全国企业总数为306971家，中小企业占99.7%，大企业只占0.3%，仅有1064家。更重要的是，这些中小企业也能够生产“不为人知的世界顶尖级产品”。

几经起落，依旧占据钟表业国际市场最高端

瑞士通过技术创新制造出日历表，把小型轴承引入表中，特别是在

研究电子表方面取得一定进展，之后又造出原子钟。1950年，瑞士在世界钟表市场中已居统治地位，其产量和销售量占国际市场的一半。

瑞士还重视人才培训，成立了“瑞士钟研究所”“瑞士钟表国际中心”及十多所钟表技术学校，培训专业人才。纳沙泰尔大学也开设钟表专业，培养高级工程师。这为钟表业的科技创新提供了人才资源。

(1) “石英表”危机

1962年，瑞士在纳沙泰尔市建立电子钟表研究中心，欧米茄、劳力士等多家表厂共同参加研发石英表，1967年造出了石英表机芯。实际上，瑞士在石英表技术研发上走在前面，但有两个因素影响他们首先批量生产和销售这种新表：一是瑞士表商传统上认为，钟表越是走得准确，价格应卖得越高；二是瑞士钟表业内人士曾向笔者坦承，瑞士当时不但能生产大批的廉价机械表，而且机械表订单充足，供不应求，忽视了继续研发和批量生产石英表。

1967年，日本Seiko公司生产出大量更廉价的石英表，使得机械表的市场一落千丈，对瑞士机械表的需求急剧下降。到20世纪70年代中期，日本、中国香港制造商生产出物美价廉的石英表，大大超过瑞士。这一剧变，加上瑞士经济因石油危机而陷入衰退，一度给瑞士钟表业重大打击，使其整个表业濒临破产边缘。端士钟表业当时从业人员共有9万，“石英表危机”使该行业丢失6万个就业岗位。

(2) 破解“石英表危机”

面对上述困局，瑞士钟表业重整旗鼓，以图东山再起。

一方面，黎巴嫩籍企业家尼古拉·海叶克（Nicolas.Hayek）和端士

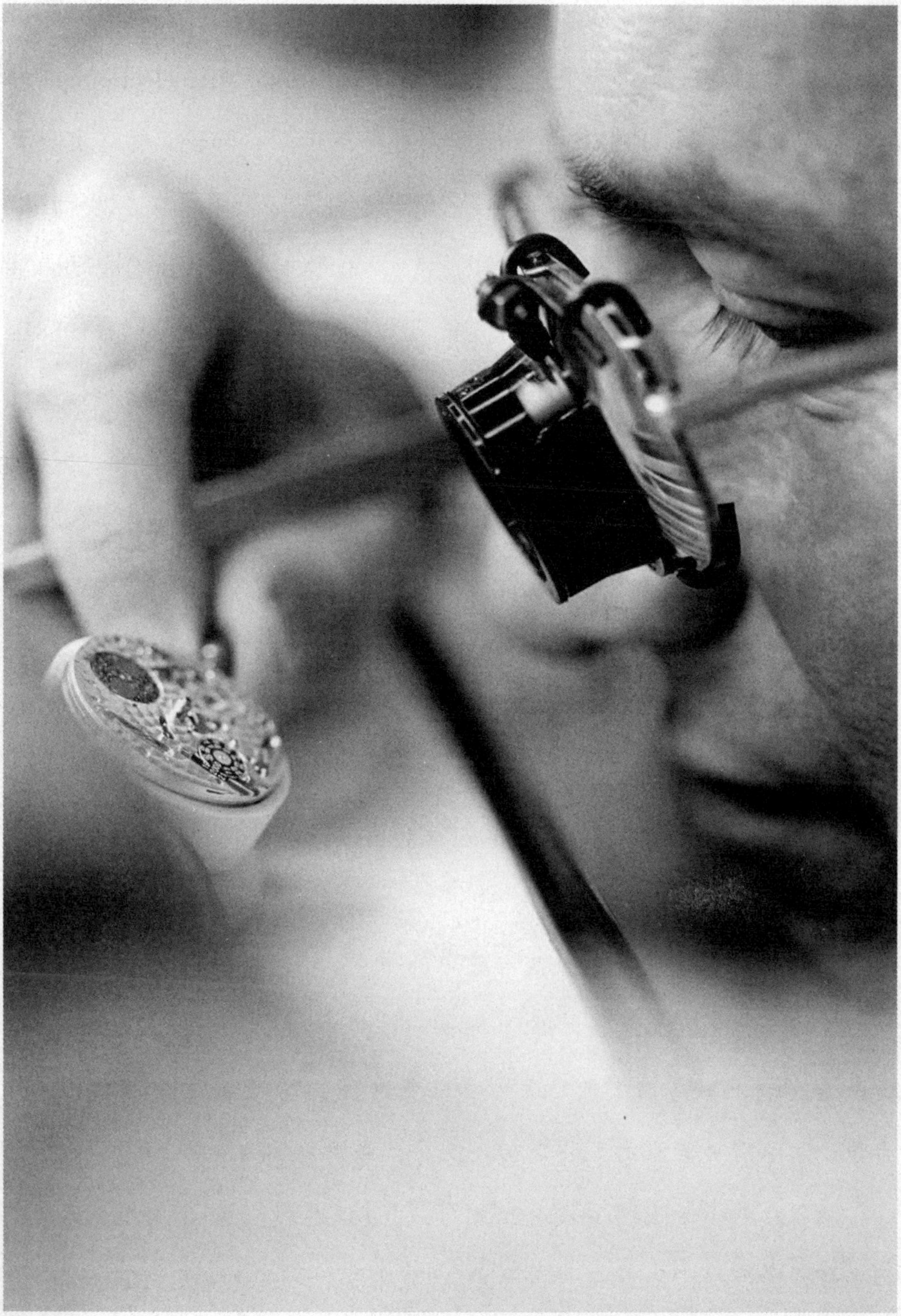

精制钟表

著名企业家斯特凡·施密德尼（Stephan Schmidheiny）组成财团，经过重组，建立微电子与钟表公司（即SMH，Socciete de Microelectronique et d'Horlogerie)，并于1982年生产出第一批斯沃琪塑料腕表，先在美国和日本试销，但以失败告终。后又经市场调查并对该表作了改进，于1983年初在德国等欧洲国家和瑞士国内推销，取得了料想不到的成功，甚至达到供不应求的地步。1985年，斯沃琪表产量超过1000万只，1988年达到5000万只，1992年销售量达到1亿只，1996年斯沃琪累计销售2亿只。1991年又推出透明自动斯沃琪机械表。斯沃琪表很快成为一种时尚装饰品，实现了销售额大幅增长。SMH公司创始时的投资仅为3.28亿瑞郎，现在公司资产达到225亿瑞郎，是最初投资的70倍，2010年该公司利润收入高达64.4亿瑞郎。总之，斯沃琪使瑞士钟表业起死回生。

另一方面，继续重点经营高档机械表。近年来，不需换电池的机械表的销售有卷土重来之势。瑞士除积极推销高档机械表外，还特别注意生产镶嵌众多豪华钻石多功能名贵手表，其价值可高达数百万瑞士法郎。

笔者在瑞士很少见到当地人戴高档手表，在参观一家名牌表厂时，曾问厂方负责人：你们生产的高档表的销售市场在哪里？对方回答说，瑞士人一般不戴高档手表，因为维修费太高，高档表主要卖到中东产油国或卖给有关国家的王公贵族或拥有巨额财富的人。

如今，瑞士年出口手表近2600万只，总额高达180亿瑞郎，仅次于药品和机械产品出口总额，居第3位。其中高档表430万只，占出口总金额的70%。世界上95%的高档表的生产和销售仍为瑞士所垄断，中低档手表市场为日本和中国所占领。

目前，瑞士表商汲取过去不重视批量生产和销售石英表而造成行业危机的沉痛教训，正在进军智能手表市场。据德新社2015年4月5日报道：经过短暂拖延后，瑞士制表业正在对智能腕表时代的到来做出响应。豪华手表制造商泰格豪雅在最近的巴塞尔世界钟表珠宝博览会上宣布，该公司已与英特尔和谷歌合作，将生产其第一款计算机手表。此表将采用谷歌的安卓智能表操作系统，英特尔将为其提供芯片。在巴塞尔世界钟表珠宝博览会举行前几天，瑞士手表厂商斯沃琪向世界发布了其与苹果手表竞争的产品。斯沃琪Touch Zero One虽然无法当电话使用，但它拥有许多健康跟踪功能。斯沃琪还计划推出此款手表增强版，包括有无线支付等功能。

2014年全世界销售大约680万只智能手表。据德国消费市场调查机构捷孚市场咨询公司称，世界智能手表市场可能会实现600%的增长。

③ 第三产业占据经济主体的大半江山

随着国民经济的发展，瑞士大力发展“高增值，广就业”的现代服务业。目前第三产业占其国民生产总值的68%，职工人数占全国就业人口的72.6%，使瑞士发展成为以现代服务业为主的经济体。

金融业占GDP比重比英国还高

瑞士人有勤劳节俭、善于理财的优良传统。他们抓住第一次工业革命的浪潮开始经营银行业务。特别是在“二战”后的重建和世界经济大发展中，工业化规模扩大，生产社会化高度发展，交通运输、能源等大型项目的建设，仅靠个人或家族投资已不能满足大量的资金需求。在这种背景下，银行业应运而生并得到快速发展，对大型项目建设发挥了支撑作用。

瑞士是中立国，政局稳定，经济健康发展，通胀率较低，货币体系完善，可信度很高，加之实行《银行保密法》，上述有利条件吸引了大批客户，使得银行和资产管理公司快速发展，形成瑞士独特的金融网络。1945年，瑞士银行共有资产（包括管理资产）198亿瑞郎，如今其资产

瑞士国家银行

和管理的资产高达近5.5万亿瑞郎，是瑞士国内生产总值的11倍。金融业成为该国重要经济支柱之一，其收入占其国内生产总值的近11%，高于英国的9%。

瑞士银行业资产主要投资于西方发达国家，而瑞士银行的存款主要来源于发展中国家和海外金融中心①。目前，瑞士银行已成为第一离岸金融中心。

瑞士国家银行起中央银行作用，发行货币，制定和执行国家的货币和汇率政策，并在联邦当局监督下开展工作。各州银行为商业银行。资本管理银行只负责资产管理，不从事一般性的金融业务。据统计，瑞士

① 瑞士国家形象委员会编著：《多姿多彩的瑞士》，2007/2008版，第70页。

银行管理的资产一半来自国外。

瑞士大银行和其他商业银行主要在苏黎世，使该市成为国际金融中心之一，也是仅次于伦敦的世界第二大黄金交易市场。日内瓦开展信贷和投资经营，成为瑞士第二金融中心，专门从事资产管理业务。

瑞士注重发展银行业务的一个重要因素，是该业务的劳动生产率高。瑞士第三产业年人均创造价值为10.2万瑞郎，而银行业人均年创造价值是第三产业年人均产值的2.7倍，达近27万瑞郎，创造了12万个就业岗位，占全国就业岗位的3.7%。

20世纪80年代，瑞士房地产业泡沫破灭，瑞士银行业损失500亿瑞郎，加上废除银行卡特尔，使瑞士银行总数由592家逐步集中到2013年的283家。其中州立银行24家，还设有地区性储蓄银行、支行和驻外分行。瑞士最大的银行由5家合并为现在的2家：瑞士联合银行（UBS，简称瑞银）和瑞士信贷银行（CREDIT SUISSE，简称瑞信）。

瑞士最大的银行：瑞银

瑞士联合银行（UBS）1997年12月与同样历史悠久的瑞士银行公司（SBC）合并。这是一桩引起当时全球银行业轰动的合并案例，合并的直接结果是产生了一家既有悠久的历史传承又有崭新的品牌形象的瑞士联合银行。当时，新的瑞士联合银行的总资产达到2.23万亿瑞士法郎，员工总数6万余人，拥有分行357家，分布在全球50多个国家。合并使瑞士联合银行成为当时欧洲最大的银行和全球第四大银行，奠定了其全球最大的私人银行和全球最大的资产管理机构的地位。

1998年，两大银行合并完成后，瑞士联合银行董事会首先完成了对业务部门的改组，将银行的业务部门划分成瑞银私人和公司客户管理（UBS Private and Corporate Clients）、资产管理（UBS Asset Management）、私人银行（UBS Private Banking）、投资银行（UBS Investment Banking）和私人产权（UBS Private Equity）5大部门。合并后，银行业务发展很快，特别是瑞银美国分行使用大批资金创建瑞士联合银行的对冲基金，该基金主要由次贷抵押担保资产组成。2007年次贷危机爆发时，瑞士联合银行资产高达2万亿美元，其杠杆倍数为40，深陷危机中不能自拔。由于瑞银是瑞士最大的银行,"大到不能倒"，联邦政府和瑞士央行不得不紧急出手救助，同时也求助外资的支持。新加坡投资公司向瑞银注资110亿瑞郎的资金，购买了瑞银8%的股权，有人把瑞银缩写字母UBS戏称为"新加坡联合银行"。上述措施使瑞银摆脱困境。2013年，瑞银盈利36亿瑞郎。

全球收入居世界第二的金融集团：瑞信

瑞士信贷银行（Credit suisse）成立于1856年，总部设在瑞士苏黎世，是全球第五大财团、瑞士第二大银行，仅次于瑞士联合银行，是一家经营个人、公司金融服务、银行产品及退休金、保险服务的投资银行和金融服务公司。在50多个国家有分公司。公司总投资为240余亿美元。2013年，银行资产为1.28万亿瑞士法郎，拥有员工4.51万人，盈利23.3亿瑞郎。除在瑞士本土经营大宗及零售银行业务外，瑞士信贷银行的国际性服务集中于专业化的大宗银行业务。瑞信在银行业中的出色表现使客户及合作伙伴数量迅速增长，它已成为拥有巨额资本的世界著名的50家大银行之一。

瑞士信贷银行由四个银行部、一个保险部组成。瑞信是世界上最大的金融集团之一，按全球收入计算，瑞信居世界第2位；按资本基础计算，瑞信居世界第16位。瑞信现有员工中，60%在瑞士本土，其余则分布在世界各地。

瑞信先于1990年收购了瑞士第四大银行——Leu银行，后又于1993年收购了瑞士第五大银行——瑞士人民银行。瑞信的母公司和业务部门均被国际知名评级机构评为A1和AA级。但在20世纪90年代，卢卡斯·穆勒曼（Lukas Muhlemann）领导瑞信时，他决定一方面要全面提供金融服务，另一方面要使该行在投资方面起领导作用。这两项举措暂时显出成效，但随着时间的推移证明是失策的，因为投资受经济周期影响，当经济活动放慢时，银行从盈利变为亏损。至于银行与保险业，它们是两个不同的部门，相互间的协同性是微不足道的。2001~2002年股票市场下跌，造成所有的保险公司资产减值，1997年瑞信并购的保险公司成为负担，差一点破产。

2002年，瑞信花200亿美元并购一家投资银行失败后，穆勒曼辞职，由瑞士再保险公司的瓦尔托.基勒霍尔兹（Walter Kielholz）出任瑞信总经理。瑞信经过重组后由布拉迪·杜敢（Brady Dougan）担任总经理。杜敢虽是美国人，但他完全以瑞士人的谨慎和坚韧不拔的精神来治理银行，虽遭到一些人反对，最后取得了成功。特别是使瑞信在没有政府救助的情况下渡过了2008年的国际金融危机。一方面，由于他卖掉

Winterthur保险公司，并对风险进行有力管控；另一方面，瑞士政府出手救助瑞银，稳定了市场，增强信心，也有利于瑞信脱困。此外，瑞信同瑞银一样也不得不求助亚洲和中东的资本的支持，依靠老股东奥拉扬金融集团（Olaya）和卡塔尔主权基金的注资来补充资本储备金。

成熟发达的保险业竟起源于一次马厩火灾

瑞士保险业起步较晚。1861年之前，瑞士的保险业只有一些分散在地方上且资金也不充足的小型保险公司。然而，1861年5月的一个晚上，一个马厩发生火灾，把当时工业发达的Glaris市烧毁了2/3，导致大量的财产损失和3000居民无家可归。这次火灾使瑞士人意识到，需要尽快建立与灾难相适应的保险业。

经过多年来的发展，瑞士已有216家私营保险公司（包括27家公司提供人寿保险业务），其中规模最大的有两家。

一是1872年成立的名为苏黎世金融服务集团的保险公司。该公司1997年与英国最大烟草集团BAT的金融保险业务部分（BASF）合并，组成苏黎世金融服务集团，成为世界第二大保险公司。总部设在苏黎世，员工约5.5万人。2014年，集团盈利46亿美元。

二是著名的瑞士再保险集团。成立于1863年，控股Lioyds of London后，成为世界第二大再保险公司，被公认为全球风险转移组合多元化的再保险公司。公司拥有员工1万余人，2011年盈利28亿瑞郎。

瑞士保险业居世界领先地位。按保险费总收入计算，2005年保险费收入高达842亿瑞士法郎，位居世界第11位。

瑞士保险业共创造13万多个就业岗位，在国内约有4.2万人，在海外从事保险业务人员超过9.2万人。2005年，瑞士保险公司在海外创造了56亿瑞士法郎的收入[①]。2008年瑞士保险业共承担1760亿瑞郎资产的保险，其中70%的市场在国外。保险业是瑞士6大经济支柱之一，收入占其国内生产总值的5%。

《银行保密法》的负面影响

然而，瑞士银行业既给瑞士带来巨额财富，也使它面临严峻的挑战。瑞士银行为顾客守密的专业态度，使全球不少王公贵族、独裁者、政要、商界巨子和演艺明星等富人都为把存款放在瑞士银行而感到放心。

《银行保密法》是怎么产生的呢？20世纪30年代，德国法西斯用武力逼迫，把德国公民特别是犹太人在瑞士银行的存款几乎全部转入了德国国家银行。为了避免这类存款流失事件再次发生，瑞士政府在1934年制定了《银行保密法》。该法规定，所有在银行工作的人，无论高级职员还是普通雇员，都不得泄露任何与业务有关的资料，哪怕某人是否是银行的客户这样简单的信息都不得泄露。瑞士银行允许客户以代码或者代号进行存款，银行里办理这项业务的只限于两三个高级职员。如果有谁违反了保密法的规定，等待他的将是罚款5万瑞郎（当年是一笔巨款）或是6年牢狱之灾的严惩。

“二战”爆发前，许多犹太人在瑞士银行都有大笔存款，包括大量

① 瑞士国家形象委员会编著：《多姿多彩的瑞士》，2007/2008版，第71页。

的黄金饰品。与此同时，德国当局也把搜刮来的大批犹太人的财物存入瑞士银行。后来这些犹太人大多在德国的集中营里惨遭杀害，这些钱的账号和密码也随着他们一道化为灰烬。

“二战”结束后，瑞士银行只是象征性地进行了部分赔偿，却把大多数存款隐匿起来。可是人们在瑞士银行的一家分行里发现了被粉碎的记录单，单这一分行就侵占了犹太人近5000万美元的财产。随着越来越多证据被披露，瑞士银行终于顶不住压力。随后，瑞士银行方面声称愿拿出6亿美元让犹太亲属们放弃追查，但被亲属们严词拒绝了。

其后，大屠杀幸存者和遇难者的亲属联合起来起诉瑞士政府和银行，要求其赔偿15亿美元。为此，美国许多州和城市都对瑞士政府进行制裁。由美联储前主席沃勒克领导的650多名国际会计师组成的特别调查小组，对大屠杀时代的账户进行了长达3年的调查，并于1999年在互联网上公布了一份被纳粹德国屠杀的犹太死难者在瑞士银行的资产情况报告。这份报告显示，总共涉及54000个犹太账户，调查同时还发现了属于纳粹高官及其合作伙伴的1600个账户，但报告没有透露他们的具体姓名。据媒体报道，仅仅根据那些还有钱的账户推断，其总资产数可能高达13亿美元。随后，瑞士银行家们宣布，他们支持已公布的对“二战”大屠杀受害者财产去向的调查报告并准备接受指责，但希望能够受到公正的对待。瑞士银行已与大屠杀受害者及其继承人达成庭外和解并为此支付了12.5亿美元。这个数字与沃勒克领导的银行调查小组估算的数字相近。此案终于有了较公正的结局。

“二战”期间，纳粹分子疯狂掠夺财富。据1945英国当局的一份报告估计，纳粹战利品的总额在5.45亿到5.5亿美元之间，差不多相当于今天的46亿美元。这个数字只包括纳粹从被占领国家中央银行的保险库里盗取的黄金，而被纳粹掠夺的个人财产的确切数字永远是个谜。为了掩人耳目，纳粹把掠夺来的大部分黄金重新烧铸成每块近400盎司（约合12公斤）的金锭，一部分藏在德国各地和帝国银行，另一部分藏在其他一些中立国的银行。而瑞士银行正是大笔纳粹黄金的保存地之一。

“二战”结束前，瑞士人看到德国气数已尽，就下令冻结了德国的账户。1945年，瑞士与盟军签署协定清查所有德国财产，但瑞士坚持说：在对这笔黄金如何估价问题上它保持独立，即不以盟军的估计数字为准。由于1946年东西方进入冷战时期，西方盟国需要瑞士银行里的钱进行战后重建工作，所以美国劝说英国和法国接受了瑞士的立场。瑞士最后向英、法、美归还了6000万美元。

经合组织2013年10月15日宣布，瑞士政府在巴黎签署《多边税收征管互助公约》，成为该公约第58个签约方。这意味着瑞士将参与全球打击逃税、避税的承诺，决心保护该国作为金融中心的诚信和声誉。瑞士银行长期沿用的《银行保密法》行将废除，瑞士改变“避税天堂”的现状已为期不远。不过，瑞士《银行保密法》不会因为签署了这一公约而在短时期内失效，因为，瑞士政府实施公约前，还必须经过瑞士议会的批准。

瑞士联邦政府官方网站资深媒体人路易斯·德库尔塞勒在接受《环球时报》记者采访时表示，从长远角度看，瑞士避税天堂的改变已为期不远，理由有三：

第一，虽然从国内议会批准到立法并实施有个较长的过渡期，但政府决意与国际社会联手打击跨境逃税的行动方向不会轻易改变。

第二，迫于国际社会的压力，瑞士国内民众的观点也有可能被改变，并将慢慢接受国际社会共同打击跨境逃税的现实。

第三，从现阶段看，政府将会出台一系列针对国外客户在瑞士银行炒作巨额资金流向的法规，来配合条约的实施。

通过中介贸易成为世界大宗原材料交易中心

瑞士国家虽小，但却是外出移民和接受移民或难民较多的国家之一。这些移民或难民只有不顾一切地拼命奋斗，才能找到立足之地并获得成功。他们所思所想的是如何创造未来而不是怀念过去。这成就了瑞士人在世界各地敢闯敢干的企业精神。他们在瑞士或在国外成立中介批发贸易公司，在世界各地从事大宗原材料贸易。其中最大的中介贸易公司是嘉能可（Glencore）、斯特拉达（Xstrata）、大昌华嘉（Dksh）3家公司。通过上述公司，瑞士成为世界原材料交易中心。

据《金融时报》报道：瑞士已超过伦敦成为最重要的能源交易平台，世界上35%的原油和石油产品、俄罗斯75%的石油贸易是在瑞士成交的；瑞士是世界上最大的粮食和油料、咖啡（占世界市场50%）、食糖（占世界市场50%）交易中心；2010年重要贵重金属、钢材（占国际市场10%）交易中心。2010年，经瑞士公司的大宗原材料贸易额超过1万亿美元，这使瑞士企业获得巨额利润并为联邦政府带来宝贵的税源。

瑞士通过大宗原材料贸易获得的收入占其国内生产总值的3%，超过旅游业。

至今，瑞士作为大宗原材料交易中心的地位仍然是稳固的。评论认为，这是因为这些贸易公司同银行关系密切，容易得到低息贷款；瑞郎稳定，没有外汇管制，贸易公司所得税率仅有8%，增值税率为8%，是欧洲国家最低的。由于有了上述有利条件，虽然这些大宗商品生产不在瑞士，但是交易却在瑞士兴旺发达起来。

立体交通网络和发达的邮政电信业

瑞士位于欧洲中部，自古以来是连接南北欧商业中心的交通枢纽，对瑞士后来的发展起了重要作用。中世纪，圣哥达山口是必经之道，有关州的当局在阿尔卑斯山通道沿途设立收费站，成为其财政收入的重要来源。

19世纪，瑞士随着工业化的快速发展，要求建设相应的现代基础设施，铁路、公路等运输逐步发展起来。1847年，瑞士建成由苏黎世至巴登的全长20公里的第一条铁路。1855年进入大规模路建设时期，当时瑞士联邦政府成立不久，缺乏资金，就授权私人企业投资建设、经营铁路，并把审批权下放给州政府。这些政策使得私营企业和外国资本积极参与，形成铁路建设高潮，仅用30年时间就赶上了邻国的铁路建设水平。

1880年，瑞士已建成2000多公里的铁路运输网络，如今瑞士铁路全长达5124公里，全部电气化，铁路密度居世界前列。在100平方公里范围内有122公里的铁路，成为欧洲铁路网最密集的国家[①]。2013年列车运客量达4.77亿人次。

这些稠密的铁路和公路网络，1/7在地下。瑞士是著名的隧道之国，仅圣哥达阿尔卑斯山口，57公里的铁路就有72个隧道。特别是经过10年的不懈努力，于1882年建成全长15公里的圣哥达铁路隧道，把已经统一的意大利和北德意志联邦连接起来了。此工程当时被称为“世纪功勋工程”。一个多世纪后，于2010年又在圣哥达打通了双向的铁路基础隧道，全长57公里，是世界上最长的铁路隧道。此隧道和正建设的CENERI隧道构成穿越阿尔卑斯山铁路线的核心部分，新的铁路隧道拟于2017年全线通车。

瑞士铁路以准时、便捷而著称。2004年完成了“铁路2000”计划，通过新的机车车辆缩短了旅行时间，提供更方便、更舒适的服务。瑞士公路、铁路等交通网络现代化巩固了瑞士在欧洲交通中的枢纽地位，促进了旅游业及整个经济的发展。由于铁路运费十分低廉，许多公司放弃自建仓库，选择将物资或上游产品及时运送到厂的方式。

密集的铁路网络和其他交通工具的发展，促使权力和工业生产迅速向苏黎世、温特图尔、伯尔尼转移。同时铁路运输发展也促进了现代大型企业的问世，培养了瑞士企业的团队精神、重视细节、讲究效率、遵守时间的企业文化。

同时，瑞士一直重视公路建设。从古代穿越阿尔卑斯山的原始小道到今天的公路和高速公路，瑞士的公路建设经历了漫长的过程。圣哥

① R. James Breiding，Swiss Made: The Untold Story Behind Switzerland′s Success，2013，p354.

卢塞恩交通博物馆

达阿尔卑斯山是中欧通往南欧的障碍。早在1707年，瑞士费时11个月建成圣哥达第一条隧道。后来在阿尔卑斯山脉的四个主要山口修建了隧道。1980年，建成当时世界最长的圣哥达公路隧道，全长16.32公里。2007年6月15日建成穿越瑞士阿尔卑斯山脉的勒奇伯格隧道，全长35公里。该工程费时8年，耗资约270亿人民币，是世界上最长的陆地隧道。目前瑞士拥有71528公里长的横贯全国的公路网，分国道、州道、镇道，其中高速公路1550公里，是连接整个交通网络的重要纽带，并与欧洲其他国家公路网连为一体①。

瑞士高速公路始建于20世纪60年代，发展很快。笔者1962年初赴日内瓦留学时，瑞士还没有高速公路。当我从日内瓦去伯尔尼中国驻瑞士大使馆办理有关手续时，158公里的路程乘汽车走了一个上午。笔者1987年出使瑞士时，高速公路在城乡之间联网，我只用1小时40多分钟就从伯尔尼抵达日内瓦。

此外，瑞士还拥有1226公里水路航线和44艘海运货轮，重要港口为巴塞尔。4个国际航空机场与铁路、公路等运输系统相互衔接，形成对内对外四通八达的立体交通网络，与邻国之间联网，车辆可出入欧洲其他国家，十分方便。

瑞士政府重视发展邮政和电讯业务。

政府所属的瑞士邮政公司下设“邮政银行”和“瑞士电信”，均以独立公司方式运营。但是，1998年联邦政府将瑞士电信1/3股份出售给私人投资者。瑞士邮政提供了良好的服务，深入到偏远山区及边远城

① 参见中国交通技术网中的“瑞士交通简介”部分内容。

镇开展业务。邮政银行承担大量的汇款业务，成为瑞士经济的一大支柱。据统计，每年瑞士邮政银行共处理300万个账户，汇款金额高达1.5万亿瑞士法郎，占瑞士汇款总额的60%。

联邦政府放宽限制政策后，瑞士电信发展成为一家现代化服务公司，2010年营业额实现119.9亿瑞士法郎，净利润17.8亿瑞郎，领先于竞争对手，在瑞士全国范围内经营着一个密集的电话、移动电话和数据传输网。移动电话网络几乎覆盖瑞士居民区每一个角落，其中90%的居民拥有移动电话，短信服务很受欢迎。

世界游客心中的旅游天堂

瑞士多年来以其丰富的旅游资源为依托，大力发展旅游观光业，成为世界有名的旅游天堂。

瑞士旅游业历史悠久，其独特的地理位置、旖旎的湖光山色、新鲜的空气、幽静的环境和快捷便利的交通吸引了大批游客。旅游业现已发展成为与化工和制药业、机械制造业并列的三大出口行业之一。

多年来，瑞士每年接待游客达6500万人次，位居世界旅游大国前10位。

为发展旅游业，瑞士旅馆业提供满足不同层次游客需求的服务。每年在酒店留宿的旅客最高达到3700万人次，同时“准住宿地”大量增加，旅客可选择住山区别墅、度假公寓、家庭旅店、青年客栈、团队住宅和露天野营等多种住宿方式。瑞士旅游业年产值高达340亿美元，占其国内生产总值的3%，其中180亿瑞郎（相当200余亿美元）来自外国

铁力士山滑雪胜地

游客。瑞士酒店和餐饮企业共有3万多家，雇佣职工15万人，是提供就业岗位最多的产业之一，占全国就业人口的4%①。此外，旅游业还拉动了商业、运输业、银行业、保险业和文化产业的发展。

瑞士旅游业竞争力之所以一直保持世界领先地位，首先是因为它多姿多彩的风光散发出的迷人魅力。到瑞士观光是各国游客的共同愿望。其次，是它提供了多样化的旅游产品：有水上水下、山上山下、空中地面、春夏秋冬不同季节和不同形式的旅游项目。再次，是周全的人性化服务。这是瑞士旅游业最突出的特点。酒店各类服务人员都微笑待人，及时满足游客的各种合理要求。第四，瑞士拥有日内瓦、苏黎世、巴塞尔等多个国际性城市，在这些城市中每年举行3000多个国际性会议和展览会，这无疑会吸引大批外国高端游客，并带来丰厚的收益。上述因素使瑞士成为热门的国际旅游目的地之一。

近年来，瑞士也在大力发展旅游推介活动，特别是争取经济快速发展的中国、印度、俄罗斯等新兴大国的游客。有评论认为，新兴大国的游客正在代替老一代的英、美、日在瑞士的游客，为瑞士带来丰厚的收入。

瑞士对世界旅游业的一大贡献，是创办Ritz豪华酒店的瑞士人恺撒·里兹（Cesar Ritz）于1893年创办了旅馆业的高等学院，即洛桑酒店学院（EHL）。该学院被誉为培养酒店管理人员最好的学校之一，迄今已培养出2.5万名管理人才。这也是为什么世界上许多大酒店或酒店连锁店是由瑞士人管理的重要原因。

① R. James Breiding，Swiss Made: The Untold Story Behind Switzerland's Success，2013，pp.125~126.

弗里堡车轮喷泉

提契诺州卢加诺风光

面对激烈的国际竞争，瑞士旅游业内正酝酿新的选择。是同时发展群众性的旅游，还是重点发展高档旅游？这是业内人士辩论的问题。如瑞士要争取吸引尽可能多的游客，会对增加就业大有好处，但从获取利润的方面来讲，发展高档旅游才能获得更大的竞争力。但是，瑞士国土狭小，同时推动这两个类型的旅游的做法难以为继。毫无疑问，瑞士旅游业必须在两者之间做出选择。目前，不少人士已在高档旅游方面进行大量投资。

国际采购中心、地区总部和会展中心

瑞士发展现代服务业的另一重大举措，就是以其优越的地理位置、一流的基础设施、优惠的税收制度、高素质的人才资源、周到的服务、

洛桑一角

蒙特勒音乐节

领先世界的金融环境和稳定的政局，吸引了许多跨国企业和贸易公司把瑞士作为其欧洲总部所在地或商品集散中心。瑞士拥有一批大型商品交易市场和大型物流中心，无论是黄金交易，还是石油贸易或其他自然资源的全球性贸易，瑞士都发挥着重要作用。

瑞士致力于发展会展经济，促进其经济可持续发展。日内瓦充分利用国际组织众多、机构和商家云集等得天独厚的优越条件发展业务，成为国际会展名城。巴塞尔的突出特色是打造世界顶级会展，如巴塞尔钟表和珠宝博览会是世界上最大的钟表、珠宝展，每年展出的产品代表钟表和珠宝业最新发展趋势和创意设计。山区小镇达沃斯独辟蹊径，成就了著名的“世界经济论坛”，每年有近百个国家和地区的政要和各界重要人士与会。山区小镇成为讨论世界经济问题和开展重大外交活动的热门场所。

笔者作为驻瑞士大使曾三次陪同中国与会代表团应邀出席了世界经济论坛年会。其间，每年要举办一次讨论中国经济的研讨会。1990年初，中国代表团开会研究如何开好这次研讨会时，有人担心由于1989年发生的“六四”政治风波，与会者可能大大减少而出现冷场的局面。笔者却提出了一个相反的看法，认为与会者可能比往年来得更多，因为多方面人士都希望利用此机会了解这次政治风波后中国的经济状况和改革开放政策的走向。果然，是日许多与会者提早来到会场，座无虚席。一位台湾同胞晚了一步，已无法进入会场，最后他走我的“后门”总算进入了会场。研讨会上，中国代表团介绍了我国的经济状况和坚持改革开放的决心，受到与会者的热烈欢迎。

据统计，瑞士每年举办大型会议2000多场、国际性展览会200多个。这些活动带来了大量商务流、物资流、人员流、资金流和信息流，有力拉动了瑞士各项产业的发展。

提契诺州洛迦诺——电影节之城

第五章

坚持科技创新是不断增强竞争力的关键所在

坚持科技创新，提高经济质量，发展教育，培养高素质的科技人才，不断增强竞争力，是瑞士保持经济繁荣的根本途径。瑞士通过建立良好的领导机制，加大研发投入，成为了创新大国。瑞士还注重搭建平台，力促科技创新成果的尽快推广应用。同时，瑞士十分重视发展教育，将其作为创新之源、立国之本。

1 创新大国是怎样炼成的

瑞士建立了良好的科技创新领导机制，并注重加强对科研工作的领导。在政府主管部门外，还设有国家“科学领导小组”，主持制定并负责实施联邦政府科研政策及国家重大项目规划。“瑞士科学顾问委员会”作为权威科学咨询机构，为联邦政府的科研政策、科研目标提供咨询建议，监督国家级重大科研规划执行。

瑞士还注重加大资金投入，确保研发经费持续增长。2000年，瑞士投入研发的投资有105亿瑞士法郎，占国内生产总值的近3%，超过经合组织国家的2.2%和欧盟国家的1.8%，在工业化国家中居第4位。随着经济的发展，瑞士还在不断增加研发投入。瑞士联邦政府数据显示，2004年投入131亿瑞郎，2013年投入160亿瑞郎，均相当于其国内生产总值的近3%，超过欧盟平均水平。

瑞士不断完善投入机制，既鼓励企业增加研发投入，又确保财政投入稳定增长，形成多元化、多渠道的科技投入机制。对研发的总投入中，私人企业的研发投入占74%，主要从事试验性和应用性的研发（占私人企业投入的89%）；高等学校的研发投入占23%，主要从事基础研究（占90%）；联邦政府等单位研发活动仅占3%。2000年，瑞士在国外的企业的研发资金达90亿瑞士法郎，超过国内企业的投入。瑞士对研发的高投入是其连续6年保持全球竞争力榜首的关键因素。

瑞士还参加了欧洲研究区的建设，为瑞士提供了3.8万个就业岗位。瑞士全国从事研发的人员数量占其劳动人口的1.3%，位居世界前列。

瑞士很注意发展自主知识产权的关键技术，积极谋求在研发领域获得独特优势和创新能力，特别是在医学、生物科学、超导及光电子、新能源、新材料、微系统及纳米技术等领域，处于世界先进水平。截至2002年，瑞士在自然科学领域共有20位科学家获得诺贝尔奖，其中医学与生物学奖8位，物理奖6位，化学奖6位。

瑞士太阳能飞机开启了环球之旅，是瑞士人敢于科技创新、争当世界第一的又一成果。瑞士设计的“阳光动力2号（Solar Impulse 2）”太阳能飞机已于2015年3月9日从阿联酋首都阿布扎比出发，开启环球之旅，经5个月左右，共环球飞行500小时。期间它在阿曼的马斯喀特首次降落，然后飞越阿拉伯海到达印度，继续飞行，经停缅甸、中国、美国夏威夷和纽约等地，最终返回阿布扎比。其行程长达3.5万公里。

2015年恰逢中瑞建交65周年，因此这架太阳能飞机的中国行具有传递友谊的意义。“阳光动力2号”3月31日飞抵重庆，4月21日用17小时飞行了1344公里，于当晚抵达南京。飞行员皮卡尔走下飞机后说：“清洁能源对这个世界来说是一剂良药、一个良方，它让人们过上更高质量的生活，创造就业机会，并让企业获利。同时，它减少了二氧化碳排放。”飞机在南京进行为期一个月的科普活动，连日来一批又一批观众驻足在太阳能飞机机库内，为世界上最大的太阳能飞机的精彩创造而惊叹。保障团成员在与学生、市民、机场工作人员的参观互动中，加深了友谊，增进了相互了解，让人亲自感受到太阳能用于发展航空事业的奇迹。瑞士驻华大使戴尚贤先生亲赴南京迎接“阳光动力2号”飞机，称赞说:“机场工作人员端庄规范的服务礼仪让我感动，上品质的地面指挥，安全保障，准点、快速、细致、周到服务，软件硬件有着国际风范和水准，南京禄口机场的风采和机场人员的敬业态度，让我和我的团队难以忘怀。”“阳光动力2号”已于5月31日飞离南京，前往美国夏威夷极具挑战性的航段。

“阳光动力2号”由“阳光动力”项目的联合发起人贝特兰德·皮卡尔.（Bertrand Piccard）与安德烈·博尔施伯格（André Borschberg）轮流驾驶。两人的合作皆源于对清洁能源的喜好。皮卡尔来自瑞士家喻户晓的探险世家。他的祖父奥古斯特曾乘热气球达到过16201米高空，父亲雅克曾搭乘自己参与设计的潜水艇抵达马里亚纳海沟10916米处。而他自己曾于1999年搭乘热气球，完成了为期三周的环球旅行。这次皮卡尔则要驾驶太阳能飞机开启环球之旅。在向瑞士洛桑联邦理工学院咨询技术可行性时，皮卡尔结识了博尔施伯格，两人由于志趣相同，合作一拍即合。博尔施伯格说:“我一生有两个爱好：飞行和创新。”他既是一名企业家，也是一名飞行员，曾为瑞士空军服役25年。

如果飞行成功，这将是世界上首架环球航行的太阳能飞机。这架即将刷新人类依靠太阳能飞行纪录的飞机，翼展比波音747的翼展还要宽，而重量仅相当于一辆家用汽车。它由碳纤维制成，机翼中共镶嵌了17249片太阳能电池。这些电池能为机上的四个电动马达和可重复充电的锂电池供电。白天，飞机“汲取”太阳能并转化为电能，攀升至10000米高空飞行；到了晚上，它将逐渐下降到3000米的高度，依靠储存在电池里的多余电能继续飞行。由于飞机没有减压舱，温度落差极大。白天气温最高可达30℃，而到了晚上又可能会降至-30℃。因此，飞行员将穿着指尖和脚尖有保暖设备的特殊服装，以适应温度变化。机舱大约为3.8立方米，使得飞行员在休息时可以将座椅放平。座椅下面设有马桶装置，解决了飞行员上厕所的问题。机上设有通话、网络等设备，可随时与地面联络。飞机可以在无人控制的情况下飞行20分钟，为此，两位飞行员专门进行了睡眠训练。“你要把每天晚上睡8个小时的习惯，改变成一天睡10次，每次睡20分钟。”皮卡尔说。从南京飞往夏威夷的航段，是此次环球航线中最长、最具挑战性的一段旅程。该航段直线距离为8500公里，飞行时间5天5夜。由于机舱内仅可容纳一位飞行员，该飞行员将连续不间断飞行5天5夜。这次环球飞行再次表明瑞士人具有敢为人先的创新精神和敢闯敢干的企业精神，这次尝试对推动再生能源发展具有重大而深远的意义。

❷ 将科技创新成果尽快转化为商品

瑞士积极搭建技术研发、科技合作和科技成果推广应用的平台，推进科技创新成果尽快转化为商品。瑞士经济部所属“联邦职业教育与技术署”通过面向应用研究与开发项目，支持企业的技术创新过程和推广工作。瑞士全国有20多个技术转让办公室从事此项工作。各大学都拥有科技成果转让机构，科技合作项目及大学办的公司也得到快速发展。

瑞士注重建立健全的科技创新激励机制，充分发挥政策的引导作用。瑞士国家科学基金会（snsf）是促进瑞士科学研究最重要的机构，从哲学到生物学、纳米科学和医学所有科学的研究工作均属其资助范围。它受联邦政府委托，主要资助基础研究，每年接受资助的学者超过7000名。21世纪初以来，该机构的研发投入持续增长。

③ 独具特色的教育体系，重视高职教育

瑞士自然资源贫乏，它所拥有的重要资源就是教育，符合国情的高效教育体系培养出了所需要的高质量、有专业技能的人才。这是保证瑞士经济与时俱进、不断提高竞争力的坚实基础。

瑞士教育经费主要靠联邦政府和州政府投入。2005年共支出254.4亿瑞士法郎，占当年国内生产总值的5.7%，高于经合组织国家的5%。每年用于每个学龄前教育学生的经费为5900瑞郎，小学生13400瑞郎，初中生为15900瑞郎，高中生为26500瑞郎，大学生为40000瑞郎。瑞士是为每个学生支出经费最高的国家之一。同时企业每年在培训学徒工方面也支出近40亿瑞郎，占当年国内生产总值的1%。总之，瑞士每年投入巨额资金来开发为瑞士繁荣做出重大贡献的人力资源。

瑞士没有全国性的教育部，联邦政府只直接管理两所高等理工学院：苏黎世高等理工学院和洛桑高等理工学院。其他学校行政管理权在各州，其余10所公立大学为各州管理。但是，瑞士坚持执行全国教育总体保持一致性原则。特别是2006年通过全民公投，通过了对宪法中关于教育条款的修改，规定了入学年龄、义务教育期限及各年级教

育目标由联邦政府统一决定。瑞士教育仍然存在地区和地方传统及个性特点，由26个州组成的瑞士各州教育部长联席会议，是负责组织全国范围内各州之间开展教育合作的主要机构，进一步促进了各州在教育体系内的合作。

瑞士教育的第一阶段为11年的义务教育，免费就学。儿童从4岁开始上幼儿园2年，6岁上小学6年，再上初中3年。但是，有的州将小学和初中教育分别定为4年和5年或5年和4年等。

第二阶段是义务教育后的高中教育，通常用2~4年上完必修课程。高中教育分为“通识教育”和职业培训教育。“通识教育”是以培养学生上大学为目标，职业培训教育是以培养熟练技工为目标。瑞士2/3的年轻人初中毕业后选择接受职业培训。这种培训可在专门提供职业培训的公司的工厂当学徒工。大约有300个学徒工种可供选择。每周1~2

蔡方柏 1963 年在日内瓦湖畔留影

天在职业培训学校上理论课，或上培训研究班，或在全日制职业培训学校集中一段时期上课，其余时间在工厂劳动。经过3~4年的基础职业培训，就可获得联邦技能资格证书。

笔者曾参观过一家培养技工的工厂，学徒工用两天半时间学习理论知识，两天半在工厂劳动，经过2~3年的职业培训后可在工厂就业或被其他企业雇用，如有条件，可自办企业，成为企业主。这样就培养出了既有初步理论基础又掌握了实用技术的技工，满足了瑞士生产高精尖产品所需要的技工人才。

据我国手表业内人士介绍，20世纪70年代，我国从瑞士进口了一批机器生产手表零件，然后请一位中国技工、一位瑞士技工用这些零件同时组装成手表，其结果是，瑞士技工组装的手表质量远高于中国技

女工匠

工组装手表的质量。此例充分说明，瑞士技工因受到严格的职业训练，其工艺水平高出我国技工一筹。

此外，受过职业培训的学生在获得技能资格证书或在相关研究领域完成学徒期后，无须参加入学考试就可直接被应用科学类大学录取。

第三阶段是高等职业教育阶段。学生通过高等职业教育和培训，将获得联邦高等职业教育毕业证书。

关于大学教育，瑞士有2所国立大学和10所州立大学。在州立大学中，4所在法语区，5所在德语区，1所在意大利语区。设置的课程有人文和社会科学、数学和自然科学、法律、经济学和医药学。国立的苏黎世联邦理工学院和洛桑联邦理工学院设有自然和工程科学、建筑、数学、药理学，以及体育和军事科学。只有通过高中毕业考试或获得相应

蔡方柏 1962 年在日内瓦大学留影

的资格的人才能被这两所大学录取，每年有毕业生9800人左右。

经过上述发展，瑞士经济不断迈上新台阶。国际金融危机前的2006~2007年，瑞士国内生产总值均增长3.6%，分别达到4835亿瑞郎和4915亿瑞郎。经过2009的经济衰退后，瑞士经济较快出现复苏，2010~2013年其国内生产总值分别达到5726亿端郎、5851亿瑞郎、5918亿瑞郎和6398亿瑞郎（2013年的总产值按2015年3月汇率：1美元=1.008瑞郎计算）。

第六章

不断扩大对外开放
分享全球发展红利

瑞士积极参与世界新的产业革命和全球性结构调整，在经济全球化中获取广泛的国家利益。

瑞士紧跟第一次和第二次工业革命，大力发展自己的民族工业。瑞士1898年发明了涡轮式发电机，1898年发明了电动齿轮，1930年发明泵式涡轮，1978年发明了燃气涡轮发电机……其工业以创造了约80个“世界第一”而闻名天下。

当前，瑞士正在向新能源、信息通信技术、空间技术、微电子技术等新的领域进军，迎接即将来临的新一轮科技产业革命，在全球性产业结构调整中，以瑞士特色产品不断提升自己在国际分工体系中的地位。

❶ 对外贸易是瑞士经济的生命线

瑞士资源匮乏，耕地面积少，不足以生产足够的粮食，需要进口大量的原料和粮食等日用品；又因国内市场太小，生产的产品和提供的服务需大量出口到国际市场。大量外贸盈余为其积累了巨额财富和外汇储备。可以说，世界上几乎没有一个国家像瑞士这样依赖对外贸易。95%的原料、能源和60%的消费品依赖进口；70%~90%的工业产品外销。1970~2000年，瑞士出口货物贸易和服务贸易占其国内生产总值的35.1%，而同期经合组织国家只占17.8%。近年来，瑞士的商品和服务出口占其国内生产总值的比重提高到40%。2011~2013年，瑞士进出口总额分别达到3723亿瑞郎、3774亿瑞郎、3788亿瑞郎，顺差分别为235亿瑞郎、238亿瑞郎、236亿瑞郎，是世界上人均贸易额最高的国家之一。

瑞士外贸分为货物贸易和服务贸易两大部分。货物贸易逆差多于顺差，而服务贸易一直有着巨大的顺差。以2005年为例，瑞士货物贸易逆差为83亿瑞士法郎，但由于有巨额的服务贸易顺差，故当年的国际收支顺差达67亿瑞士法郎[①]。瑞士主要进口消费品（42.7%）、原料和半成

① 瑞士国家形象委员会编著：《多姿多彩的瑞士》，2007/2008版，第55页。

品(26.3%)、装备（22.6%）和能源（4.5%），其主要出口产品是化工医药产品（34.5%）、机械产品（23.6%）和仪器、钟表、珠宝（17.3%）。瑞士服务业进口的主要是银行业务收入（占27.5%）、旅游收入（占27.1%）和运输业收入（占16%）。服务业出口的主要是旅游业（占42.9%，即瑞士人出国旅游支出）和技术服务支出（占22.3%）。

瑞士对外贸易主要地区是欧盟（占其出口60.3%，进口81.7%，其中德国占1/3）、美国（占其出口10.6%，进口4.4%）、日本（占其出口3.9%，进口的2.1%）[①]。近年来中国已超过日本，成为瑞士的重要伙伴之一。

① Alain Schoenenberger 、Milad Zarin-Nejadan,《L,ECONOMIE SUISSE》, pp.104~105.

❷ 海外再造了一个多瑞士

对外直接投资是瑞士企业国际化的一个重要组成部分，但投资规模年浮动幅度很大。1983年，瑞士对外直接投资仅10亿瑞郎。2000年由于世界经济增长势头良好和企业合并等原因，瑞士对外直接投资高达754亿瑞郎，2013年仍保持320亿瑞郎的投资规模。

自20世纪60年代以来，瑞士对外直接投资收入一直保持顺差，而且顺差有逐年增加的趋势。2003年，瑞士的投资收入顺差占其国内生产总值的10.6%。2005年，瑞士国民生产总值为4463亿瑞郎，而它的海外直接投资高达5140亿瑞士法郎，投资收入高达1254亿瑞士法郎。扣除外国在瑞士投资应付的收益687亿瑞郎，瑞士从对外投资中获取纯利润567亿瑞士法郎，占当牢国内生产总值的12.7%①。国际金融危机大爆发前的2007年，瑞士对外直接投资总额上升至6757亿瑞郎，是其当年国内生产总值5121亿瑞郎的132%。其投资主要在欧盟、美国、亚洲等地区的工业国。

① 数据来源于瑞士国家银行。

瑞士虽是小国，但拥有世界上最大的跨国公司：雀巢公司(NESTLE)。该公司在世界各地投资设厂，是世界上最大的食品跨国制造商。瑞士再保险公司（SWISSRE）是世界上最大的再保险公司。布朗·包法利（BROWN BOVERI）公司是电工技术领导者，1988年与瑞典阿西亚公司（ASEA）合并，组成跨国公司ABB集团，在世界各地投资设厂。诺华制药集团是世界最大的制药公司之一，其业务覆盖全球，在美国、中国等国投资建立实验室或研发机构等等。

从传统上来说，出口货物和服务是推动瑞士经济增长的发动机。早在1830年，瑞士的出口额已占世界出口总额的第7位，主要是出口纺织品。

到20世纪80年代中期，由于欧洲一体化和经济全球化快速进展等原因，人们担心瑞士失去竞争力。但是，瑞士企业及时做出反应，改变了国际化的方式，对外投资接替了对外贸易，成为推动本国经济增长的主要动力之一。其主要原因是资本市场逐步自由化，转型国家和发展中国家崛起对世界经济做出了更大贡献，以及科技信息交流普及，使瑞士经济仍然保持了强劲的竞争力。据统计，瑞士1/5的企业在国外有销售点、生产分厂或设研发中心。瑞士大企业是在国外投资的主力军。20家大企业在海外投资占瑞士海外投资的一半以上。中小企业在海外投资也有增加的趋势。

然而，瑞士是个忧患意识很强的国家，在加大对外投资同时，又强调实施再工业化战略。近来，瑞士国内人士特别是一些专家、学者认为，瑞士在世界产业中的地位不断下降，大量工业性投资转移到海外，使国内投资相对不足，生产性产业岗位正在减少，因此要求再工业化的呼声很高，倡导工商界加强国内工业建设与投资。瑞士政府相应调整了有关政策，诱导企业增加国内工业投资，避免产业结构空心化，尤其鼓励突破传统产业结构，向高新科技领域投资。

3 跨国公司为瑞士贡献了10%的GDP

对外开放另一重要组成部分，是创造有利条件吸引跨国公司去瑞士投资设厂，建立总部、地区分部、研发中心等机构，为瑞士带来丰厚收益。

外国在瑞士设立的企业之多也是惊人的。2007年，外国在瑞士直接投资达4543亿瑞郎。注册资产在1000万瑞郎以上的外国企业共823家，1000万瑞郎以下资产的外资企业共4000家。著名的跨国公司的许多重要业务是在瑞士展开的，如世界最大的电子计算机制造公司IBM、世界第二大化工公司陶氏化学公司（DOW Chemical）、利乐包装公司（Tetra Pak）、佳能公司（Canon）、全球领先的医疗技术的美敦力公司（Medtronik）、思科（Cisco，提供网络解决方案供应商）等公司都在瑞士发展自己的业务。陶氏化学公司的欧洲总部就设在瑞士，该公司年营收达540亿美元，相当于瑞士一年的预算。

瑞士从跨国公司获取的收益相当于该国国内生产总值的近10%，与银行业的收入相差无几，而且增长速度较快。如果把瑞士本国的跨国公司算进去，跨国公司带来的收益占瑞士国内生产总值的1/3。

多年来，各国政府通过减税、无偿提供土地和其他优惠条件等办法来吸引跨国公司。那么，瑞士是通过什么办法使其成为跨国公司所偏爱的国家呢？

第一，税收相对较低。当人们选择开办企业的国家时，该国的税率是要考虑的一个重要因素，要尽可能降低税收，从而降低企业成本。瑞士征收12.5%~24%的公司税、8%的增值税，而美国征收15%~35%的公司税，英国征收28%的公司税。据专家计算，西欧国家征收的增值税都在20%左右。

第二，保密制度是瑞士吸引跨国公司的第二个原因。在瑞士人看来，对原材料批发交易和金融业来说，不保密就没有竞争力。瑞士的低税收和保密制度吸引了嘉能可（Glencore）、斯特拉塔（Xstrata）、维多（Vitol）、利达斯科（Litasco）等大宗原材料批发交易公司和全球知名对冲基金霍华德资产管理公司（Brevan Howard）。

第三，瑞士位居欧洲中心，并具有良好的基础设施、健全的法律体系和素质高的专业人才。陶氏化学公司早在1950年就选择苏黎世开设第一批销售点，其在欧洲的业务得到很大发展。1966年，又把研发部门搬迁到瑞士。1968年，陶氏化学公司把苏黎世选定为欧洲总部。陶氏公司欧洲总部董事长说，选择瑞士的一个重要理由是，它位居欧洲中心，从这里可以有效地经营业务。该总部副董事长补充说，这里优良的基础设施、健全的法律体系、稳定的税收、充裕的人才资源和生活质量是做出该选择的决定性因素。现在，陶氏公司从瑞士Horgen总部监管着在20个国家的生产中心和30家销售点。2012年，陶氏在欧洲、中东和非洲雇佣13400名员工，营业额高达185亿美元。

除了高科技的跨国公司喜欢在瑞士落脚外，其他公司也喜欢选择瑞士作为大本营。利乐公司（Tetra Pak）是一家发明用纸盒包装液体牛奶的瑞典公司，该公司于1957年在洛桑建立了第一个纸盒包装牛奶的工厂，此后公司在有顾客的地方提供装奶机和纸盒，就地生产。公司于1981年把总部移到离雀巢公司总部不远的Pully镇，因为当时雀巢公司是利乐公司的主要客户之一。对该公司来说，重要的是“在欧洲中心就地生产”。

第四，两所著名的大学——苏黎世理工学院和洛桑理工学院可以向企业提供当地的优秀人才。谷歌是近15年才成为世界性大企业的。2004年，谷歌在苏黎世建立了美国以外的第一个操作网站。在成立后的6年内，谷歌就成为一个技术巨人，销售金额达到天文数字。苏黎世的试验室为谷歌公司不断取得成功提供了保证。

谷歌选择苏黎世，除了信息专家及他们的家属喜欢这个城市外，另一个决定因素，是它靠近苏黎世理工学院和洛桑理工学院。两所高校的可为谷歌提供当地培养的优秀人才资源，尤其是信息科学方面的优秀人才，两者关系很快变得十分融洽。谷歌不断吸引了来自两校的实习生，作为交换条件，谷歌在财政上对学生的培养提供支持并对培养博士和博士后提供奖学金。在谷歌的实习生经常被雇佣为正式的员工。谷歌2004年在苏黎世建站时只有2个员工，现在发展到750人。谷歌一位负责人表示：“只要我们能雇佣到优秀人才，我们就待在这里，并继续投资。”

也正是由于有这两所著名的高校，世界上专门从事电子计算机生产的跨国公司IBM就在苏黎世附近开设了它的第一个试验室。目前有300人在该试验室工作，其中有30位是特邀学者，还有众多的实习生和攻读博士和博士后的学生，他们中间大部分人从事具有世界水平的研究项目。例如1986年热德·比林（Gerd Binnig）和黑尼克·罗合尔（Heinich Rohrer）因发明显微镜的隧道效应荣获诺贝尔物理学奖，第二年乔治·贝德洛兹（Georg Bednorz）和阿勒克斯·米勒（Alex Muller）因发现高温超导也荣获诺贝尔物理学奖。

特别是洛桑理工学院发展势头良好，其校长曾放弃了在Brown大学的职务于1992年来洛桑理工大学任职并于1999年被任命为校长。他对学校进行了三项创新性的改革：一是招聘大批年轻学者；二是把学校的结构调整为5个部门，每个部门有自己的预算；三是优先发展经济上有效益的研究项目。针对瑞士取得一系列学术研究成果，但转化率仍然不够高的弊端，他在校园内创建“创新区”（Quartier de l’innovation）来与工业界建立伙伴关系。现在，罗技公司（Logitech）、雀巢公司（Ncstle）和思科公司（Cisco）都在洛桑理工学院校园内建有科研的基础设施。这些公司的员工与该校的学生和校方进行互动。其他跨国公司也与这两所大学建立了合作伙伴关系。

第五，瑞士中立国地位也对跨国企业有较大吸引力。国际清算银行（la Banque des reglements internationaux）是由比利时、法国、德国、意大利、日本、英国、美国组建的银行。由于成员国未能在银行总部地址达成妥协，各方只好选择瑞士的巴塞尔作为银行总部的所在地。因为中立的瑞士可以使银行不受大国的不利影响。

然而，瑞士也有不足之处。如限制雇佣外籍员工、对商业有限制、创建企业难、房价和房租贵、瑞郎坚挺缩小企业回旋余地等。此外，随着形势的变化，过去的有利条件不复存在，使得一些公司另有选择。

乐高（Lego）是一家丹麦玩具生产公司，1957年在苏黎世开设第二个国外分公司，并从1974年开始在瑞士的工厂生产著名的塑料积木。这种积木可以插出变化无穷的造型，令儿童爱不释手。然而，2005年公司为降低生产成本，决定将其在欧洲的生产线迁移至东欧国家，两年后公司为节约开支，将其欧洲总部也迁移至慕尼黑。

同时，由于经济全球化的深入发展，瑞士也面临新的挑战。如诺华公司最近在波士顿和上海建立了科研机构，而在过去，这种机构只能设在巴塞尔。这也体现了瑞士经济脆弱的一面，因为跨国公司在瑞士经济中的作用远大于美国和德国等发达国家。

第七章

有效应对国际金融危机，成为欧债危机中的绿洲

瑞士作为发达的资本主义经济体，必然会遇到资本主义与生俱来的周期性的金融与经济危机。尤其是瑞士国内市场狭小，发展动力主要依赖国际市场和国际金融、保险业务，因此，它的经济发展受到国际经济和金融危机的严重冲击及国际形势变化的重大影响。但是，瑞士能巧妙应对这些重大波折，把危机变成机遇，不断推动本国经济向前发展。

❶ 历经近30年黄金发展期后，突遭石油危机冲击

“二战”后，瑞士经历了近30年的黄金发展期。1949~1974年，瑞士经济持续快速发展，年均增长率高达4.2%。但是，这种发展势头突然受到国际石油危机的严重冲击。

1974~1975年，瑞士国内生产总值负增长6.7%，是经合组织国家中经济衰退最为严重的国家。1976年，瑞士经济仍处于衰退中，使其进入一个低速增长期。1970~1990年，瑞士经济年均增长率下降一半，仅为2%左右。此时瑞士经济开始失去内生动力，落在其他发达经济体后面。同时，房地产价格大幅回落，导致许多银行和投机商破产，公共财政出现赤字，瑞士政府被迫大力控制支出增长。而紧缩财政开支，又进一步导致经济形势恶化。

❷ 面对不利形势，瑞士政府果断有效应对

一是及时调整移民政策。瑞士是雇佣外籍劳工较多的国家。瑞士国家统计局数据显示，1970年，在瑞士的外籍劳工为78.7万人，占其劳动人口的25%。为应对危机，瑞士政府一方面减少雇佣外籍工人，另一方面鼓励外籍劳工及本国工人离开瑞士另谋出路。1974~1976年，约17万外籍劳工和6万瑞士人员离开瑞士，被称为“出口失业”。到1980年，外籍劳工人数降至65.4万，占其劳动人口的20.7%，降低了近5个百分点。

二是加大投资力度，支持经济增长。1980~1989年，瑞士年均投资占其国内生产总值的25.1%，高于经合组织国家的21.2%。虽然20世纪90年代以来，投资在瑞士经济中的分量总体有所下降，但投资特别是在建筑业的投资，对瑞士经济走出低迷状态比其他国家更具有重大意义。

三是利用高储蓄率助推经济发展。瑞士是西方国家中储蓄率最高的国家之一，1999年储蓄率高达31.6%，远高于经合组织国家的20.9%。这使瑞士企业能获得充裕的资金，使2000年瑞士股票市场投资高达7920亿美元，居世界第2位，紧跟中国香港之后。而且可向国外投资，2001

年向国外输出资本364亿瑞郎。

四是实现能源供应多样化，降低对石油供应的依赖。20世纪70年代初，石油占瑞士能源消费的80%，石油危机后，瑞士更多使用天然气和发展可再生能源。经过30年的不懈努力，石油供应现在仅占其能源消费的6%。

五是开源节流，促进预算收支平衡。传统上，瑞士十分注意控制国家公共支出占其国内生产总值的比例。以2003年为例，瑞士各级政府（联邦、州、乡镇）各项公共开支和各项社会保险支出仅占其国内生产总值的近40%，低于欧盟国家的48%。

瑞士宪法规定：为保证经济形势正常发展，可以授予联邦政府临时增税或减税的权力；联邦政府应注意实现预算收支平衡；同时民众可通过公投对国家预算进行直接监督。20世纪60年代，瑞士预算收支是平衡的。但是到了70年代，在石油危机等国内外因素冲击下，瑞士经济低迷，结构性问题突出，收入减少，支出增加，财政预算出现赤字。瑞士政府及时调整财政政策，采取开源节流措施。后来随着经济开始复苏，到1980年又实现了预算收支平衡。但是，到1989年瑞士经济又进入了长期停滞期，财政收入减少，社会开支增加，公共财政状况恶化。1990~1999年，其年均财政赤字占国内生产总值的2.3%，1993年甚至达到4.6%。

到20世纪90年代后期，瑞士政府推行节约和控制支出增长的政策，并采取了将养老保证金的年利率从4%降低至2.25%等措施，减少了政府的支出。20世纪末，由于经济复苏，以及信息技术和电信业务的发展，带动了投资的增长。有关统计显示：1996~2000年，瑞士经济年均增长2.4%，2000年的预算盈余占到国内生产总值的1.9%。但是，2001~2005年，由于股票市场和房地产市场泡沫双双破灭，投资商蒙受数十亿瑞郎的亏损，保险公司和养老金收入同样受到影响，瑞士政府又不得不实行紧缩政策，瑞士经济年均增长率降至1%。

③ 量入出为，控制公共债务

这主要得益于瑞士限制公共债务的机制。该机制规定，制定预算时，要根据当年的收入来确定联邦的预算支出，原则上，只有在收入增加得到保证时才能增加支出。如出现意外情况需要增加额外财政支出，议会可通过有效多数做出决定，提高支出的上限。

瑞士公共债务随着其预算赤字的增加而不断扩大。1990年，瑞士公共债务仅占其国内生产总值的30%，到2002年跃升到55%，达到2350亿瑞郎。但是，与其他发达国家相比，其公共债务占国内生产总值的比例还是较低的。

2008年国际金融危机后，瑞士政府严厉控制债务的措施卓有成效，特别是近年来注意通过开源节流，使联邦政府2011~2013的的财政预算分别盈余5.9亿瑞郎、16.4亿瑞郎和24.6亿瑞郎。公共债务占其国内生产总值比重持续降低。根据瑞士联邦财政部发布的数据显示，2011年瑞士公共债务占GDP的比重为36.5%，在上年的基础上继续下降1.4个百分点，其中联邦债务占19.5%，地方债务占17%。瑞士财政部计算后确认，2013年瑞士公共债务占GDP的比重已降至35.7%。

瑞士的特点决定了其经济发展走势是受到外部环境影响最大的国家之一。如何使其经济在更为有利的条件下发展并保持预算收支平衡，仍然是一个有待不断解决的重大问题。

2008年，爆发了20世纪30年代以来最严重的国际金融和经济危机。由于经济对外开放程度高和金融、保险业务在经济活动中的比例大，危机使瑞士经济陷入衰退之中。尤为严重的是，在此次国际金融危机最严峻的时刻，两家最大银行——瑞银和瑞信共有4万亿瑞郎的资产，只要这些资产的价值萎缩5%，就可能给瑞士造成2000亿瑞郎的损失，相当于瑞士近一半的国内生产总值，整个瑞士银行业的股金可能毁于一旦。在生死存亡的时刻，瑞士联邦政府和瑞士国家银行（央行）共同决策，采取了一系列果断救助措施，力挽狂澜，使两大银行转危为安，瑞士因而成为发达国家中抗击危机能力最强、走出危机最早的国家。

4 瑞士抵御化解金融危机的主要做法

首先，国际金融危机爆发初期，瑞士政府迅速采取有力的举措，稳定了动荡的金融市场，恢复了信心，减少了损失。

早在2007年8月9日，瑞士国家银行联合欧洲央行向银行业投入大量流动性资金。同年11月，美联储、欧洲央行和瑞士国家银行达成协议，相互提供流动资金，以解决欧洲银行美元资金短缺问题。

2008年秋，雷曼兄弟公司破产后，国际金融市场动荡达到高潮，瑞银美国分行为谋取暴利大量投资对冲基金，造成重大损失，使瑞银资产缩水，损失450亿瑞郎，濒临破产边缘。瑞士联邦政府和国家银行紧急出手救助瑞银，允许该行将其600亿美元的有毒资产剥离到由瑞士国家银行提供贷款成立的专门基金，同时寻求亚洲和中东资本的支持。新加坡投资公司向瑞银注资110亿瑞郎的资金，使瑞银摆脱了困境，从而稳定了人们对瑞士金融市场的信心。瑞信也同样遇到困难，但由于其总经理行事谨慎，管理严格，其处境好于瑞银。它没有申请政府的救助，而是仿效瑞银的做法，寻求亚洲和中东资本的支持，使其克服了困难。经过不懈努力，瑞士最大的两家银行的业务得以正常运行。

同时，国际金融市场对瑞郎的需求增多。同年10月20日，瑞士国家银行与欧洲央行建立了新的相互借贷机制，瑞士国家银行向欧洲央行提供瑞郎，换取欧元。瑞士央行还同波兰、匈牙利央行也建立了类似的互换货币的机制。

由于经济形势严重恶化，瑞士央行从10月8日至12月11日，将同业拆借浮动利率分阶段由2.25%~3.25%降至0.1%，使银行间的借款利率维持在较低水平，以支持金融业和实体经济。瑞士央行通过购买外汇，防止瑞郎升值，从而减轻通货膨胀的压力。

瑞士联邦金融市场监督机制对危机中反映出来的对银行体系监督不力的缺口采取补充措施：一是公布银行和保险业人员的薪酬指导原则，以免他们进行冒险操作；二是制定两家最大的银行——瑞士联合银行、瑞士信贷银行应遵守自有资金的比例；三是规定如果银行的利润丰厚，其自有资金比例应比法定比例翻一番；四是规定从2013年起，各金融企业有义务将自有资金达到占其资产总额的4%。

其次，瑞士一些专业工业部门受周期性危机影响小，如具有刚性需求的医药和医疗器械产品出口强劲，弥补了金融服务业所遭受的损失。同时，从事瑞士国内业务的银行基本上未受到国际金融危机的影响，联邦政府公共债务较低，房地产泡沫早已经破灭，此时已不构成问题。

然而，这次危机的规模广、传播快，对瑞士实体经济仍然产生了一定的负面影响。因此，瑞士联邦政府进行了特别干预，采取快速、协调和坚决的措施来应对危机。

定向分阶段调控，开启实体经济复苏进程

第一阶段，联邦政府根据当时的经济形势和对未来形势发展的预测，认为没有必要超过预算开支的最高限额，但是仍然为2009年的预算支出留下10亿瑞郎的回旋余地。联邦委员会提供4.32亿瑞郎的贷款，增加对环境、能源和促进外贸等项目的投资，以改善企业的运营环境。

第二阶段，2009年2月11日联邦委员会出台第二批措施，即利用当年预算所剩下的7亿瑞郎，重点投向工业和旅游业，特别是支持公路和铁路建设、科研、能源和环保方面的创新。此外，采取涉及出口风险保险和对减少工时所产生的损失进行补贴的措施。并且，还修改法律，鼓励建筑业发展和公民购买住房。

第三阶段，2009年中，劳动市场形势恶化，危机影响实体经济的危险增大。9月25日，瑞士议会通过下发第三批金额为9.44亿瑞郎救援的措施，对最受失业打击的人群增加新的失业补贴。还在能源部门、信息通信、促进出口平台等方面增加职业培训，为危机后的经济复苏作准备。

瑞士定向分阶段采取措施的好处在于，留出了足够的回旋余地，在需要时可以采取补充措施；同时可以避免因判断失误而采取过分的措施导致经济过热，如对建筑业的支持是恰如其分的；又如原来估计失业率可能达到5%，实际上只达到3.9%，这样就取消了原来计划出台的措施，节约了开支。

此外，州和乡镇财政增加支出，刺激需求，为瑞士走出危机做出了重要贡献。

以上措施逐步稳定了市场，恢复了人们的信心，使瑞士较快走出了危机。经过2009年的衰退后，瑞士经济出现强劲复苏。

然而，复苏之路并不平坦。2010年，瑞士经济增长3%后，2011年增长速度逐渐放慢，第4季度处于停滞状态，全年经济增速降至1.8%。其主要原因有：一是瑞郎价值被高估，影响其出口产品的竞争力；二是瑞士的主要经济伙伴——欧盟的经济出现衰退，使瑞士的出口受到较大影响。

在此形势下，瑞士国家银行（央行）于2011年9月6日宣布将瑞郎与欧元挂钩，把瑞郎对欧元汇率上限锁定在1.20:1，并通过大量购汇等方式来维持这一上限，以遏制瑞郎升值势头，增强出口竞争力。但是由于世界经济低迷和瑞郎价值仍被高估，2012年瑞士经济增长率降至1%。2013年瑞士经济增长1.9%，高于预测的1.8%。国内生产总值为6450.5亿美元（按2015年3月汇率计算，1美元=1.008瑞郎），人均国内生产总值81087美元，失业率为3.2%[①]。2014年其经济增长率约为2%。

突然取消瑞郎对欧元汇率上限，防范新风险

出人意料的是，瑞士国家银行（央行）于2015年1月15日宣布，取消瑞郎对欧元汇率1.20:1的上限，并停止相关购汇行为；同时，瑞士央行还对商业银行存款基准利率下调0.5个百分点至–0.75%；还将未来3个月伦敦银行同业拆借利率目标范围从现行的–0.75%~0.25%下降至–1.25%~–0.25%之间。瑞士央行表示，瑞郎对欧元汇率上限是在瑞郎

① 参见中国外交部网站瑞士国别介绍。

过度升值和金融市场极不稳定的情况下引入的，这一举措保护了瑞士经济免受严重损害。“虽然目前瑞郎汇率仍维持在较高水平，但是高估程度整体已经减弱。瑞士经济已能够通过这一阶段来适应新的经济环境。”

3个月前，瑞士央行还表示要力挺瑞郎与欧元挂钩，为何几乎一夜之间抛弃盯往欧元的政策？实际上，瑞士是经过深思熟虑才做出这一决定的。德国《世界报》网站评论指出：瑞士央行给出的官方解释“似乎只说出了事实的一半”,“事实上盯住欧元的代价变得越来越高。自从欧洲央行考虑购买国债开始，欧元的汇率就不断下跌。瑞士不得不一再购买欧元来维持瑞郎的汇率稳定。如果欧洲央行1月22日真正采取行动，这种情况还会进一步加剧。”有关统计显示，瑞郎对欧元累计已升值30%，截至2014年12月，瑞士外汇储备中欧元占比高达45%。

瑞士央行这一举措旨在先发制人，力争主动应对欧元区即将启动的量宽政策。形势发展表明，瑞士央行的决策是具有前瞻性的。从更深层次原因来看，当前美国和瑞士经济增长趋势较好，欧洲经济复苏乏力，通缩形势严峻；美欧货币政策也在分化，美国结束量宽，欧洲放大量宽。在此背景下，瑞士的做法，是在货币政策上要更多靠近美国，为其货币政策制定赢得主动权和更大空间。

鉴于瑞士56%的出口产品输往欧盟，瑞士央行措施震惊了大多数企业和投资者，给出口商带来莫大的压力，也引发金融市场动荡。此次决定宣布后，瑞士股市下跌9%，创下2011年4月以来最大跌幅。瑞士两大银行瑞银和瑞信的股价跌幅都在10%以上。瑞郎对欧元汇率一度飙升

41%，10年期瑞士国债收益率跌至0.04%，国际油价当日波动达10%。瑞士央行表示，未来将继续根据汇率情况来制定相应的货币政策，如有必要，将依然保持积极干预外汇市场。

分析人士指出，在欧洲央行可能启动欧版量化宽松的情况下，瑞士央行想继续像以前一样捍卫瑞郎将变得“异常艰难”。当然，瑞士央行也意识到，瑞郎升值会增加企业成本，在一定时期内会损害制造业、奢侈品出口和旅游业，但会保住其支柱产业——银行业，使其经济基本面不受损害。近年来瑞士经济增长较快，失业率低，加之近期油价等大宗商品价格走低，企业成本下降，其对瑞郎币值坚挺的承受能力有所增强。当前瑞士通胀率低，央行有调整空间。同时此次出台的配套利率政策有利对冲汇率调整的负面影响，避免出现通缩。

第八章

对外政策及在重大国际问题上的态度

瑞士为永久中立国，自1815年以来一直奉行中立政策。随着世界政治、经济格局的演变，瑞士逐步调整外交政策，由传统保守的中立向“积极的中立”过渡，以更好地维护自身利益，达到“促进各民族和平共处、尊重人权和促进民主、保护瑞士企业在国外利益、缓解世界各地贫困状况、保护瑞士的自然资源”的目标。

1 永久中立国在全球事务中要发挥独特作用

瑞士为永久中立国，自1815年以来一直奉行中立政策。近年来，随着世界政治、经济格局的演变，瑞士逐步调整外交政策，由传统保守的中立向“积极的中立”过渡，以更好地维护自身利益，并达到五大目标：“促进各民族和平共处、尊重人权和促进民主、保护瑞士企业在国外利益、缓解世界各地贫困状况、保护瑞士的自然资源”①。

从本质上来说，维护瑞士的安全和经济利益是瑞士外交的主要战略目标。一位瑞士作者不无幽默地评论说，“历届瑞士当局主要关心的事，就是从国外那里取得尽可能优惠的贸易条件”。可以说，这是观察瑞士问题的一把钥匙。

同时，瑞士外交也在与时俱进、开拓进取。瑞士当局认为，当前全球化推动世界经济发展的同时，也带来诸多负面影响。贫困、气候变化、资源稀缺、水资源匮乏、环境污染等问题已对瑞士产生直接影响。

在上述形势下，一方面，瑞士更加主动参与国际交流与合作，经过不懈努力终于在2002年正式加入了联合国，积极参加联合国维和行动。

① 瑞士国家形象委员会编著：《多姿多彩的瑞士》，2007/2008版，第46页。

此前，1990年当伊拉克入侵科威特时，瑞士放弃中立立场，同联合国其他成员国一起对伊拉克进行制裁，这在瑞士历史上是前所未有的。现在，瑞士又积极推动联合国等国际多边机构改革，主张增加发展中国家特别是新兴国家话语权。

另一方面，瑞士不断增加对外援助，致力于防范冲突、消除贫困、保护环境，促进全球可持续发展。自2000年以来，瑞士对外援助资金每年增加约5%，2013年达28.33亿瑞郎，并计划2015年达到联合国关于发达国家发展援助占其国内生产总值0.7%的目标。瑞士希望通过上述改革和经济、技术、财政合作来促进世界和平与发展，繁荣国际贸易，以确保瑞士享有稳定的原材料来源、广阔的商品市场和安全的海外投资环境。同时，更加突出人权和人道主义，大力开展斡旋外交，以在国际事务中发挥中立国的独特作用。

❷ 发展与欧盟关系是外交最优先方向

早在20世纪60年代，欧洲经济共同体经济快速发展，顺利实现战后重建。英国后悔未能加入欧洲经济共同体的前身煤钢联营，在多次申请加入欧洲经济共同体，都被法国总统戴高乐拒绝的形势下，英国、瑞士、奥地利、丹麦、挪威、瑞典等7个非欧洲经济共同体国家于1960年1月在瑞典首都斯德哥尔摩正式签署《建立欧洲自由贸易联盟公约》。该公约同年5月3日生效，欧洲自由贸易联盟正式成立（European Free Trade Association，简称EFTA），试图与欧共体竞争，但是结果未能如愿以偿。

1972年7月，自由贸易联盟与欧共体签署了建立“大自由贸易区”条约。1973年后随着英国等多个国家加入欧共体，1992年5月自由贸易联盟与欧共体签署了《欧洲经济区条约》，从1993年起，5年内逐步实现经济区内的商品（不包括农产品）、劳务、资本和人员自由流动。瑞士联邦议会于1992年10月9日批准了该条约，但是被同年12月6日举行的全民公投所否决。瑞士联邦政府为把不参加欧洲经济区所造成的经济损失降到最低限度，决定与欧盟进行谈判。

经过4年的艰苦会谈，终于在1998年12月11日达成协议，涉及有关部门的7项协定被认为是一个整体，如其中一个协定停止执行，其他协定均同时失效。该协议于2000年5月经瑞士联邦议会和全民公投批准并于2002年生效。2004年，瑞士与欧盟达成第二个双边协议。瑞士联邦政府多次重申，加入欧盟是其一体化政策的战略目标。

笔者在瑞士任职时曾经向该国外交部一位高级官员询问瑞士加入欧盟的前景，该官员回答说，当此问题触动瑞士人的钱包时就会加入，否则是不会考虑此问题的。从目前欧盟的处境来看，更难预测瑞士加入欧盟的前景了。

不管欧洲形势如何变化，瑞士与欧盟在经济、政治、社会等领域联系密切。瑞士是欧盟的第四大贸易伙伴，对欧盟的进出口分别占瑞士进出口总额的74%和54%（2013年）。当前欧洲经济复苏乏力，瑞士经济也受到一定影响。2014年2月，瑞士全民公投，通过“反对大规模移民”公民倡议，遭到欧盟方面的坚决反对。欧方指责瑞方坐享欧盟一体化便利的同时，拒绝接受欧盟人员自由流动等根本原则的做法是不合时宜的，并搁置对瑞士参与欧盟高等教育交流和科研计划的讨论。通过放宽新入盟国家移民配额、增资团结基金、税率合作等措施，瑞士同欧盟的关系调整取得初步成效。9月，欧盟同意恢复瑞士“2020地平线”项目第一大支柱研究的相关国地位。

然而，瑞士与欧洲国家之间税务纠纷不断。

与瑞士经济关系密切的德国、法国等欧洲国家，近年来在避税问题上不断与瑞士发生纠纷。德国曾花钱买下有关储户的信息，而法国自

2013年起加大对瑞士的压力。在德、法等国的压力下，欧盟也向瑞士提出交涉，要求交流与欧盟居民相关的银行信息。瑞士为保全银行秘密曾做了一些让步，如同意把非瑞士居民的欧盟居民账户利息的征税率从20%提高到30%，并把这笔税收转交给账户持有人的原籍国，但不公布持有人的姓名。然而欧盟要求扩大征税范围，如持股红利、人寿保险收益等。

在欧美国家压力下，2014年5月，经合组织（OECD）在巴黎举行年会，会上包括瑞士在内的40多个国家签署了一项税收信息自动交换宣言，同意自动共享与税务相关的海外账户信息。据此，全球最大的离岸金融中心瑞士将定期每年自动向40多个签约国政府传递瑞士银行客户的金融信息，这些信息包括银行账户余额、利息、股息和其他金融收入。有分析人士指出，随着瑞士和另一国际重要离岸金融中心新加坡加入这一宣言，银行保护客户隐私的传统可能终结。至此，瑞士与欧美等国的税务纠纷告一段落。

但是，瑞士银行家协会公共关系经理沃纳表示，目前40多个国家签署的宣言尚只是一个政治承诺，如果要最终成为具有强制力的措施，则需要通过国际法再到国内法的一步步推进，最早也要到2017年才能生效。有关统计数据显示，瑞士银行业存款额中有27%即约合2.1万亿美元属于海外资产。据法新社报道，2015年5月27日，主管税收事务的欧盟委员皮埃尔·莫斯科维奇、欧盟轮值主席国拉脱维亚财政部长亚尼斯·雷尔斯和瑞士国际金融合作国务秘书雅克·德瓦特维尔签订了一项打击逃税协议，瑞士银行将不再为欧盟居民保密，防止他们将未申报的收入藏匿在瑞士银行。莫斯科维奇表示，该协议“再次打击了逃税者，标志着欧洲朝更公平的征税又迈出了一大步”。德瓦特维尔则称，该协议将“理顺与欧盟的关系”。协议规定，从2018年起，欧盟和瑞士将自动交换各自居民（包括企业）持有的银行账户的信息。总之，打击海外避税已成为今后各国政府寻求增加税收的一种途径，这场针对银行保密制度的斗争还会继续下去。

3 与美国是战略合作伙伴，但税务纠纷突出

瑞士与美国意识形态相同，美国又是瑞士除欧盟以外最重要的销售市场和重要的海外投资国，双方在人权和气候变化等问题上有共同立场。瑞士认为，世界多极化已成现实，呼吁美国通过多边主义和外交谈判等政治手段解决国际和地区冲突。

但是近年来，瑞美税务纠纷成为两国关系中的突出问题。瑞士的银行保密制度使世界各地客户的金融活动在此得到保障，瑞士银行业务因此得到繁荣发展。但是，2008年国际金融危机后，美国及一些欧洲国家对本国逃避税收的居民加大征税力度，希望通过追回部分税款，弥补国家的财政漏洞。这就使得瑞士银行数十年来运转良好的商业模式受到致命的打击，瑞士《银行保密法》开始走向终结。

瑞士著名的《联邦银行法》，俗称《银行保密法》，诞生于1934年，其问世与瑞士中立国地位密切相关。第一次世界大战后，欧洲多国政府出于对瑞士银行理财安全的信任，纷纷向瑞士央行买卖黄金，兑换视为硬通货的瑞士货币。出于保护银行客户利益与隐私的目的，瑞士政府于1934年通过此法。

欧美等国近年来一直在向瑞士施加压力，宣布瑞士等国为“避税天堂”，迫使其终止《银行保密法》。2009年，瑞士最大的银行——瑞银因帮助美国公民逃避税收，向美国支付了7.8亿美元的罚金，并向美国提供了4700名客户名单。

美国还对瑞士第二大银行——瑞士信贷银行和尤利乌斯·贝尔银行在内的14家银行进行调查。2014年5月19日，瑞士信贷银行承认犯有帮助美国富人通过秘密海外账户避税的罪行，并同意支付26亿美元的罚金。美国司法部表示，这是任何涉税刑事案件中处罚金额最高的一起。这样，美国终结了对瑞信为期一年的调查，并允许该行继续在美经营业务。

此外，瑞士老牌私人银行——韦格林银行因为包庇和与逃税者合作而遭到美国起诉，被纽约法庭罚款5780万美元后，被迫于2013年初宣布破产。这些案件在瑞士银行业引起极大的震惊。

在此形势下，瑞美两国经过谈判达成反避税和解协议。根据美国司法部于2013年8月29日公布的协议内容，只要瑞士银行业者同意支付高额罚款，披露完整的跨境交易记录，提供涉及美国纳税人的所有账户细节信息，同时提供美国公民开设的秘密账户的资金来源及资金转移目的地等信息，以及同意随时关闭违反了美国相关申报规定的账户，那么就将有资格同美国政府达成免于起诉协议。

该协议规定，上述和解条件仅适用于还未遭到美国刑事调查的约100家瑞士银行，当时有14家金融机构正在接受美方调查，包括瑞信、瑞士宝盛等在内的多家银行都在向美国司法部门提供美国客户有关信息。其中，瑞信为避免遭到起诉，不得不接受巨额的罚金。

协议还规定罚款的三个等级标准：对2008年1月前为美国公民开设的秘密账户，瑞士银行业者应向美方缴纳这些账户最高金额的20%作为罚金；对于截至2009年2月开设的账户，则应缴纳账户金额的30%作为罚金；此后开设的账户，甚至需要缴纳账户金额的50%作为罚金。

瑞士联邦政府当天表示，此协议使瑞士银行业能在现有法律框架下化解与美方之间出现的纠纷。瑞士银行家协会也对联邦政府的决定表示支持和欢迎，认为这将使瑞士银行业能够尽快并在必要的法律基础上解决有关问题。2013年9月9日，瑞士议会国民院批准《瑞美协议》，该协议在2014年1月1日正式生效。

4 与新兴国家的外交关系向体制化发展

世界力量对比正在发生变化，21世纪以来一批新兴国家迅速崛起将深刻影响和改变世界格局。瑞士经济持续发展和繁荣也将越来越依赖新兴国家。因此，瑞士正努推动其与新兴大国之间的关系向机制化方向发展。

在西方国家中，瑞士带头与中国谈判并达成建立自贸区的协议，该协议已于2014年7月1日生效。瑞士与印度、巴西等国已启动自贸谈判或金融对话。

瑞士与印度于2008年就开始商谈两国间自贸协定。据瑞士媒体报道，瑞士希望其化工、医药产品、机械和钟表进入印度市场，但印度拒绝降低某些产品的关税，其中包括瑞士重要的出口产品。印度工业协会和印度非政府组织认为，瑞印自贸协定有关取消关税、加大专利保护力度将会威胁印度中小企业的生存，会给劳动密集型化工、机器制造和农业部门带来风险。印度方面关注开放瑞士金融部门、扩大印度对瑞士的服务出口、减少移民限制等。2011年4月，瑞士经济部部长施耐德·阿曼在与印度贸易和工业部部长阿南德沙玛举行会谈时表示，瑞士将加强与印度进行自贸区谈判，但两国部长都未对自贸区谈判涉及的知识产权问题，特别是印度大量生产非专利药品等棘手问题做出评论。至今，瑞印两国仍未签署自贸区协议表明上述问题尚未取得突破性进展。

瑞士还对20国集团中的其他新兴国家特别重视，尤其注意在深化同亚太国家政治关系的同时，更多参与地区经济发展。

为此，瑞士谋求加入20国集团（G20）以扩大自身影响。作为国际金融中心，希望中国等国支持其参与G20活动。2013年2月，G20主席国俄罗斯邀请瑞士联邦委员兼财长鲁姆普夫出席G20财长会议。这是瑞士首次受邀参加G20有关会议，并希望参加2014年布里斯班G20有关会议。

瑞士于2011年3月向亚欧会议提出加入申请，2012年3月被正式接纳为成员国。2012年11月，瑞士联邦主席兼财政部长鲁姆普夫与外长布尔克哈尔特率团赴万象出席第9届亚欧首脑会议。瑞士认为，亚欧会议成员国涵盖世界60%的人口和60%的国际贸易额，是亚洲与欧洲之间级别最高、规模最大的合作论坛和政府组织，在促进亚欧间的全面对话与合作，特别是在国际金融体系改革、气候变化等国际议题中发挥重要作用。亚太地区对瑞士经济和外交的重要性仅次于欧盟，加入亚欧会议并与其成员国建立密切的伙伴关系、开展互利共赢的合作符合瑞士长远利益。

瑞士制订了《2013~2017年与湄公河地区国家发展合作战略》，积极开展对缅甸、柬埔寨等亚洲国家的发展援助。2013年3月，瑞士政府决定在未来4年向亚洲开发基金提供4800万瑞郎资金，用于资助亚太地区最不发达国家。11月，时任瑞士联邦政府主席兼外长布尔克哈尔特在新德里出席了第11届亚欧外长会议。

此外，瑞士借助其传统中立国地位积极参与斡旋乌克兰危机、伊朗核谈判等国际和地区热点问题，谋求在国际事务中发挥非中立国所起不到的作用。

此外，瑞士将维护人权列为外交政策重要目标。瑞士认为，经济合作、发展援助和难民政策应同受援国人权状况挂钩；主张与发展中国家开展“批评性人权对话”，但是，不应把观点强加于人。

5 关注气候变化问题

瑞士认为，气候变化是对人类生存和发展的重大挑战，各国应做出努力；主张采取积极的环境政策，以促进公平竞争和可持续发展，消除贫困，维护社会稳定及和平；主张发达国家带头大幅减排；承诺到2020年瑞士温室气体排放比1990年下降20%，争取到2050年全球温室气体排放总量比1990年减少50%以上；愿意参与欧盟对发展中国家的气候保护资助计划；认为哥本哈根、坎昆和多哈会议结果喜忧参半，各方在减排、设立气候基金等问题上取得进展，但达成协议均缺乏约束力。

第九章

中瑞关系堪称中国与西方国家关系的典范

2015年是中华人民共和国同瑞士联邦正式建立外交关系65周年。中瑞建交65年来，两国关系取得长足发展，特别是进入21世纪以来，两国的友好合作关系在相互尊重、平等互利基础上取得了突破性的进展。高层互访频繁，经贸关系突飞猛进，人文交流密切，在国际事务中保持了良好的沟通与协作，创造了多个“第一”。

在庆祝中瑞建交65周年之际，作为第七任中国驻瑞士联邦大使，笔者愿对中瑞建交谈判始末及中瑞关系发展中所创造的多个“第一”，作一下简要回眸和展望，以凸显中瑞关系在构建以合作共赢为核心的新型国际关系中所起到的引领作用。

1 顶住美国压力，坚持承认新中国

新中国成立初期，欧洲多数国家迫于美国的压力，都对新生的中华人民共和国避而远之。当时美国千方百计打压和孤立新中国，并试图削弱新中国的国际影响力。外交方面，美国要求盟国在是否承认新中国问题上必须与其完全保持一致。美国还专门照会欧洲的中立国和拉美国家，不得先于华盛顿承认新中国，并竭力阻挠中华人民共和国重返联合国。

早在1949年6月美国就致电瑞士政府，发出“贵国过早承认亚洲一个共产党政权将不适宜”的警告。瑞士领导人具有战略眼光和维护自身利益的决心，通过分析清楚认识到“共产党在中国的统治将持续较长时间，因此早承认比晚承认好”，以维护其在华利益并在国际事务中发挥非中立国所不能起到的作用。有鉴于此，1950年1月17日，瑞士联邦政府主席兼外长马克斯·彼蒂彼爱珀蒂皮埃尔致电毛泽东主席称，“瑞士联邦主席荣幸地通知毛泽东主席先生阁下……现决定在法律上承认中华人民共和国中央人民政府，并准备与贵政府建立外交关系，我们将借此来实现瑞中之间久已存在的良好关系的愿望”。2月6日，彼蒂彼爱又电告周恩来总理，瑞方“已任命其驻香港领事泽文·施褆纳为驻华临时代办来北京与贵外交部取得联系，我希望知道您是否准备接受他的这个名义”。

中方十分重视瑞士方面的表态和要求，认为瑞方的对华政策有利于我国发展与西方国家的友好合作关系。周恩来总理研究了瑞方电文并指示外交部副部长李克农于2月10日作出如下答复：“我现在受中华人民共和国中央人民政府主席的委托通知阁下，在贵国政府与中国国民党反动派残余断绝关系之后，中华人民共和国中央人民政府愿意在平等、互利及互相尊重领土主权的基础上建立中华人民共和国与瑞士联邦之间的外交关系，并望贵国政府派遣代表来北京就此项问题进行谈判。”李克农副部长还表示，接受指定为临时代办的泽文·施褆纳为瑞士联邦政府派来北京就两国建立外交关系问题进行谈判的代表。

2 4次会谈，扫清建交障碍

第一次会谈在1950年5月26日。外交部副部长章汉夫和欧非司司长宦乡、副司长温朋久会见了瑞士谈判代表泽文·施褆纳，双方就两国建交相关问题交换了意见。关于瑞士同国民党政府断交问题，施褆纳表示，南京解放前，瑞士在中国曾有一公使馆，由代办主持工作；南京解放后，瑞士公使馆未跟随国民党政府迁移，但此时瑞士在广州有一名誉领事(商人)，也于1949年5月离去。瑞士承认中华人民共和国时，即宣告正式断绝与国民党方面的关系。1950年1月，瑞士联邦政府一方面通知中华人民共和国中央人民政府愿意与其建立外交关系，同时通知国民党驻伯尔尼公使，与之断绝关系。至于国民党驻瑞士使馆问题，瑞士政府已将前国民党驻瑞士使馆及其中财产档案封存，准备移交给中华人民共和国的代表。

第二次会谈在6月9日。施褆纳又应邀来外交部进行会谈。施褆纳首先递交了一份“移交记录”，详细列举了国民党在驻瑞士使馆的财产，包括使馆的建筑、档案资料、家具和一些日用品。施褆纳表示，“中国在瑞士的唯一国家资财为前国民党政府驻伯尔尼公使馆中的家具、档案等该项，中国国家财产现由瑞士联邦政府政治部（即外交部）负责保管，准备将来移交中华人民共和国中央人民政府所委派的代表”。笔者在这里要特别说明的是，公使馆馆舍是前日本使馆，由盟国租与中国使用，而不是中国国家财产，所以没有移交给中国，现在我驻瑞士使馆馆舍是中瑞建交后由新中国政府出资购买的。6月30日，我外交部在致瑞方的答复信中表示，对瑞方断绝与国民党政府一切关系和对中华人民共和国政府在瑞士合法资财所有权的保护表示满意。

第三次会谈6月30日。施褆纳应约来外交部就交换使节问题进行谈判。施褆纳表示，瑞士政府派驻各国使节只派公使，不知中华人民共和国中央人民政府希望瑞士派大使还是公使。章汉夫副部长表示，此节俟请示中央人民政府后再作答复。

8月8日，施褆纳来外交部进行第四次会谈。施褆纳表示，现在他接到瑞士联邦政府的指示，决定派遣全权公使为瑞士联邦政府驻中华人民共和国的代表。施褆纳还说，瑞士联邦政府希望中华人民共和国中央人民政府在瑞士尚未派定公使之前，就承认他本人为驻华代办或临时代办。章汉夫副部长表示，请瑞士联邦政府自行决定。8月16日，宦乡司长、温朋久副司长会见施褆纳。宦乡司长表示，在瑞士派驻华公使前，如中国先派公使去瑞士，不知瑞士政府意见怎样？施褆纳答称，瑞士政府积极欢迎中国先派公使去瑞士，因为瑞士驻华公使必须要在9~10月才能任命。宦乡司长还表示，施褆纳以临时代办身份驻华，可以就此对外发表新闻。施说，当然可以，只是希望能早一天告诉我，以便伯尔尼同时发表新闻。

1950年9月14日，中瑞两国宣布正式建立外交关系。当天，新华社发布两国建立外交关系的新闻，15日《人民日报》全文转载如下：

瑞士联邦政府于本年一月十七日宣布愿与中华人民共和国建立外交关系，并任命施褆纳先生为临时代办，前来北京与中华人民共和国中央人民政府外交部取得联系。

我外交部李克农副部长当于二月十日电复瑞士联邦委员会主席彼蒂彼爱，表示同样愿望，并接受施褆纳先生为瑞士联邦政府派来北京，就中瑞两国建立外交关系的初步与程序问题进行谈判的代表。

施褆纳代表于五月十六日到达北京，随即开始进行此项谈判，现在谈判已顺利结束。

中端两国并已同意：瑞士联邦政府在未正式派定该国驻中华人民共和国公使之前，暂派施褆纳先生为瑞士联邦驻中华人民共和国临时代办，中华人民共和国中央人民政府派冯铉先生为中华人民共和国驻瑞士联邦特命全权公使。

从此，瑞士成为最早承认并与中华人民共和国正式建立外交关系的欧洲国家之一。

中国政府任命的驻瑞士首任特命全权公使冯铉于12月3日由布拉格抵达瑞士任职。当他到达苏黎世机场时，瑞士政治部的服务社主任迎接并陪同至首都伯尔尼，在伯尔尼由政治部交际处长到火车站迎接。12月8日，冯铉特命全权公使向瑞士联邦主席彼蒂彼爱递交国书。12月27日，任佐立以瑞士联邦首任驻华特命全权公使身份拜会了周恩来总理，并于次日向中华人民共和国中央人民政府副主席朱德递交了国书。

到此，两国顺利建立了外交关系并互派待命全权公使，中瑞关系翻开了新的一页。

在冯铉公使的积极努力下，一批著名科学家和留学生取道瑞士回国参加社会主义建设。他还安排并参与了周恩来总理率团出席关于解决印度支那问题的日内瓦会议。周总理还访问了瑞士，中华人民共和国总理首次亮相国际政治舞台，在全世界产生了积极的影响。冯铉公使于1956年6月结束了他的特命全权公使的使命，是年6月又被任命为驻瑞士联邦特命全权大使，直到1959年4月圆满完成任务奉调回国。中国驻瑞士使馆成为我国对欧洲及其他地区未建交国家交往的一个重要窗口。例如中国与法国建交公报就是由戴高乐总统特使德·博马歇先生同我驻瑞士大使李清泉先生，在我驻瑞士使馆谈成的。

③ 中瑞关系在中西交往史上创造多个“第一”

中瑞关系的最大特点是敢为人先。中瑞关系与时俱进，在中国与西方国家交往史上创造了多个“第一”。

在新中国刚成立3个月，瑞士就率先承认并与其建交。1980年，中国刚推行改革和对外开放政策，其他西方国家还在观望时，瑞士迅达集团第一个走进中国市场，在北京成立中国第一家工业合资企业，生产电梯。2007年，不少国家特别是西方国家推行贸易保护主义时，瑞士成为欧洲国家中率先承认中国完全市场经济地位的国家之一。2010年1月，时任副总理的李克强参加世界经济论坛年会，并访问瑞士，与瑞士领导人就两国开展自贸协定联合可行性研究并启动谈判达成共识。此后3年共进行了9轮谈判，但仍未签署协定。

2013年5月，李克强出任总理后的首访国家选择了瑞士。在这次访问中，双方签署了结束中瑞自贸区协定谈判谅解备忘录，2个月后双方签署自贸协定，该协定于2014年7月正式生效。瑞士由此成为第一个与中国签署自贸协定的欧洲大陆国家，有力推进了双边关系特别是经贸关系的快速发展。

2015年3月，当某强国竭力阻挠一些发达国家申请成为中国倡议的亚洲基础设施投资银行的创始国时，瑞士再次顶住压力，宣布申请成为亚投行的创始国。经履行有关手续后，瑞士于2015年3月28日正式成为亚投行的创始成员国。

中瑞建交65年来，两国政治关系虽有曲折，但总体上得以平稳、较快地发展。20世纪60年代，由于瑞士接收了大量所谓“西藏难民”，两国关系一度出现困难，但到70年代逐步恢复正常。1989年北京发生政治风波，笔者时任驻瑞士联邦大使，6月5日瑞士外交部主管亚洲事的司长紧急约见我，对此提出抗议。我立即表示，这是中国的内部事务，包括瑞士政府在内的任何外国政府无权干涉，中国政府正在妥善处理出现的问题，所以我坚决拒绝你的抗议。随即我起身离开瑞士外交部回到使馆，立即向国内报告了瑞方的交涉情况，并召开馆务会议，部署了保卫使馆和留学生的安全等方面的工作。接着瑞士政府和议会分别发表了对我国进行“谴责”的声明，又宣布对我国实行部分制裁，中止政治往来和向我出口军品，但留有余地，明确表示不对我实行“经济制裁”。后经过国内和驻瑞士使馆多方面工作，到90年代初随着我国内政局稳定，经济发展势头趋稳向好，加之多数西方国家开始松动对华关系，中瑞关系得到改善并出现良好的发展势头。

1990年，经济上，瑞士作为第一个西方国家首先如期同我举行经贸混委会会议，被搁置一年的中瑞避免双重征税协定也正式签字，一度拖延的瑞士对华人道援助也已重新实施。瑞士经济部官员表示，要给中国增加1000万瑞郎的混合贷款，以满足在第二批贷款范围内所商谈的合作项目的需要。政治上，瑞方主动邀请钱其琛外长往访，瑞士外交国务秘书表示接受我方邀请于1991年访华。军事上，两军恢复了情报交流，并接待了中国军事代表团访瑞。当1990年8月笔者离任并奉调出使法国时，瑞士外交部部长专门为我举行欢送宴会，致祝酒词时表示瑞士重视发展同中国的关系，并称我为瑞士的朋友。特别是随着中国改革开放政策取得巨大成功，中国综合国力不断迈上新台阶，两国高层交往逐步密切。1992年1月，李鹏总理出席达沃斯世界经济论坛年会时顺访瑞士。1996年10月，瑞士联邦主席德拉米拉访华，这是瑞士联邦主席首次访华。1999年3月，中国国家主席江泽民实现了中国国家元首对瑞士的首次国事访问。2000年9月，瑞士联邦主席奥吉访华并，参加了中瑞建交50周年的庆祝活动。

进入21世纪，中瑞高层互访更趋密切、务实。尤其重要的是：2007年瑞士联邦委员兼经济部长洛伊特哈德访华，代表瑞士联邦政府宣布承认我国完全市场经济地位。2008年8~9月，瑞士联邦主席兼内政部长库斯潘和联邦委员兼国防、民防和体育部长施密德分别来华出席北京奥运会和残奥会开幕式。2010年1月，李克强副总理正式访问瑞士，并出席达沃斯世界经济论坛年会。访瑞期间，李克强副总理提出积极推进中瑞自贸协定联合可行性研究。2013年5月，李克强总理对瑞士进行正式访问，双方签署《关于结束中瑞自贸协定谈判的谅解备忘录》。这些高层交往增进了中瑞相互了解和政治互信，为中瑞关系稳步较快发展起到了引领作用。

中瑞经贸关系源远流长。14世纪，中国丝绸远销瑞士，瑞士钟表也早已销售到中国。19世纪末，两国贸易往来日趋密切，以西巴-嘉基公司为代表的一批瑞士企业陆续在中国开设公司或代表机构，这为1950年中瑞士建交创造了有利条件。1950年中瑞建交之初，两国贸易额只有680万美元，后经过双方共同努力，中瑞先后签署了《中瑞贸易协定》《中瑞政府关于相互促进和保护投资协定》《中瑞避免双重征税协定》，1979年瑞士政府给予中国普惠制待遇。上述一系列经贸协定和措施为两国经贸关系的顺利发展，奠定了良好的法律基础。

中国实行改革开放政策以来，中瑞经贸合作日益拓展，瑞士企业对华投资的积极性高涨。20世纪80年代前，双边贸易额为3亿瑞郎，中国对瑞士出口额近1亿瑞郎，主要是出口原料和初级产品。随着我国“四化”建设取得进展，中瑞贸易额不断增加。据我国海关统计，1978~2008年30年间，两国贸易额增长27倍，2008年达到112.5亿美元，同比增长19.2%。2009年，受国际金融危机的影响，双边贸易呈现下降趋势。

近年来中瑞经贸关系快速发展，瑞士成为中国在欧洲的重要贸易伙伴。2010年，我国超过日本成为瑞士在亚洲的最大贸易伙伴，双边贸易额达到200.7亿美元，同比增长110.3%，但是我国对瑞贸易中传统上处于逆差地位，其中出口30.3亿美元，同比增长14%，进口170.4亿美元，同比增长147.4%。2011年，两国贸易额达到创纪录的308亿美元。2012年，面对欧债危机持续发酵和世界经济复苏乏力的不利因素，中瑞双边贸易额有所下降，但仍然达到263亿美元，同比下降14.9%。2013年7月，两国签署《中瑞自由贸易协定》，2014年7月该协定正式生效。这项战略性的措施使两国经贸合作取得突破性进展。2013年，两国贸易额猛升至595.3亿美元，同比增长126%，其中中国对瑞士出口35.1亿美元，同比增长0.6%，从瑞士进口560.2亿美元，同比增长145.5%。中国主要从瑞士进口机电产品、化工医药产品、光学仪器、医疗设备和钟表；出口则以纺织品、机电产品、化工原料、玩具、体育器材和皮革制品为主。

瑞士是我国在欧洲第六大外资来源国，也是欧洲对华投资最多的非欧盟国家。截至2014年9月，瑞士在华投资项目达1619个，实际投入56.3亿美元。中国企业在瑞士投资3.3亿美元。近年来，我国企业开始在瑞士投资。2008年，中国银行、华为公司等企业在瑞开设分支机构。2009年，中石化集团通过对其香港分公司增资，以72.4亿美元成功收购位于瑞士境内的阿达克斯石油公司，创下中国企业海外油气资源收购新纪录（该项目被计入大陆对中国香港投资）。

4 建立了中国同欧洲大陆国家的第一个自贸区

《中国–瑞士自由贸易协定》的签署和正式生效，是中瑞关系史上具有里程碑意义的重大事件，远超出双边关系范围。这是中国同欧洲大陆国家的第一个自贸区，也是中国同世界经济20强国家的第一个自贸区，对世界各国也会产生重要的示范和引领作用。

李克强总理2013年5月24日在瑞士金融界人士午餐会上指出："中瑞关系之所以历久弥新，成为不同文化国家之间友好交往的典范，主要得益于一种敢为天下先、争当'第一'的品质。我们应当传承和弘扬这种开拓进取的精神，促进中瑞关系始终站在时代的世界的潮头，不断追求卓越。"

这项自贸协定的提出和正式生效走过了一个较长的历程，也是中央领导特别是李克强总理亲自积极推动的结果。

第一步，进行可行性研究。2009年1月，温家宝总理与瑞士联邦主席在伯尔尼共同做出了关于进行中国–瑞士双边自由贸易协定联合可行性研究的决定。同年11月，中国商务部长陈德铭即与瑞士联邦经济部长在日内瓦宣布成立中瑞联合研究小组，开展联合可行性研究。

第二步，启动谈判。2010年1月26日，时任中国国务院副总理李克强与瑞士联邦主席洛伊特哈德在瑞士首都伯尔尼举行会谈。双方一致表示，将于2月4~5日在北京举行第一次有关启动中瑞自贸区联合可行性研究的会议，争取尽快取得成果，并在年内正式启动谈判。当年是中瑞建交60周年。2011年1月28日，中瑞自由贸易区谈判在达沃斯正式启动。

第三步，坚持三年谈判。2013年3月，在历经3年9轮的艰苦谈判后，中瑞自贸谈判取得了实质性进展，但仍未签署协定。李克强出任总理首访选择瑞士。2013年5月24日，李克强总理在伯尔尼与瑞士联邦主席毛雷尔举行会谈，双方签署了《关于结束中瑞自贸协定谈判谅解备忘录》。

第四步，协定签署与审批生效。2013年7月6日，中国商务部部长高虎城和瑞士联邦委员兼经济部长约翰·施奈德–阿曼在北京签署《中国–瑞士自由贸易协定》。该协定经双方完成内部审批程序后，于2014年7月1日正式生效。

2013年5月24日，李克强总理与瑞士联邦主席会谈时强调指出：“中瑞关系历经60多年的国际风云变幻，始终历久弥新，保持着与时俱进，敢于创新，敢于突破的特点。3年前我访问瑞士期间，中瑞宣布启动自贸谈判。经过双方不懈努力，最终达成了一个高水平、高质量、互惠互利的协定。”

⑤ 商务部对《中国–瑞士自贸协定》的解读

关于《中国–瑞士自由贸易协定》(以下简称《协定》) 的内容、特点、作用等问题，商务部国际经贸关系司负责人作了以下详细介绍。

《协定》正文共16章，包括序言、总则、货物贸易、原产地规则与操作程序、海关程序与贸易便利化、贸易救济、技术性贸易壁垒、卫生与植物卫生措施、服务贸易、投资促进、竞争政策、知识产权保护、环境问题、经济技术合作、机制条款、争端解决和最后条款。此外,《协定》还包括货物贸易关税减让表、产品特定原产地规则、原产地证书、纺织品标签、服务贸易具体承诺表等11个附件。《协定》是近年来中国对外达成的水平最高、最为全面的自贸协定之一，具有如下特点。

第一,《协定》货物贸易的零关税比例高。瑞方将对中方99.7%的出口立即实施零关税，中方将对瑞方84.2%的出口最终实施零关税。如果加上部分降税的产品，瑞士参与降税的产品比例是99.99%，中方是96.5%。工业品方面，瑞方对我降税较大的产品有纺织品、服装、鞋帽、汽车零部件和金属制品等。这些都是我国的主要出口利益产品，瑞方均承诺自协定生效之日起立即实施零关税。在农产品方面，除了一般农产品外，瑞方还对中方有出口利益的23项加工农产品在取消工业成分关税的同时，将农业成分的关税削减40%。上述23项加工农产品几乎涵盖了我对瑞有出口利益的所有加工农产品，包括口香糖、甜食、糕点、意粉等，平均降税幅度高达71%，使我农产品在瑞士市场获得优于其他国家的准入条件。

第二,《协定》为双方合作建立了良好的机制。比如，双方同意加强环境方面的合作，提升彼此的环境保护水平；双方同意在中瑞经贸联委会框架下成立钟表合作工作组，通过开展钟表合作，中方将扩大引进瑞方先进的钟表检测、维修技术，与瑞方合作培养钟表专业人才，提升中国钟表业发展水平；双方承诺开展中医药合作对话，推动中医药“走出去”；等等。上述合作机制有利于促进双方开展务实合作，实现共同发展。

第三,《协定》涉及许多新规则。中瑞双方在《协定》中，就政府采购、环境、劳工与就业合作、知识产权、竞争等中方以往自贸谈判中很少碰到的规则问题达成一致。应该说，国际上对这些规则没有统一的标准，但双方并不回避，而是按照求同存异的原则，达成了许多共识。比如，中方首次同意在自贸协定中对环境问题单独设章，并明确规定了知识产权保护的具体权利和义务，增强了权利人保护的透明度和便利性。

其水平高的一个重要方面，就体现在货物贸易自由化水平很高。瑞方对6958项产品立即实施零关税，对619项产品实施部分降税，降幅从10%到50%不等，将254项产品作为例外不予降税。其中，工业品方面，瑞方承诺从《协定》生效之日起全部实施零关税。农产品方面，瑞方承诺从《协定》生效之日起对962项农产品立即实施零关税，对403项农产品实施部分降税，对216项加工农产品取消工业成分的关税（对其中23项加工农产品还将取消其农业成分40%的关税），将254项农产品作为例外不予降税。可以说，这是瑞方首次在自贸协定中较大幅度开放其农产品市场，也是瑞方首次在世贸组织谈判或自贸区谈判中，就削减加工农产品农业成分的关税作出承诺，使我农产品获得更好的进入瑞方市场的机会。

中方对1803项产品立即实施零关税，对5495项产品经5年、10年或更长时间实施零关税，对168项产品经10年过渡期降税60%（对其中165项从《协定》生效之日起先降税18%，然后在此后9年内匀速降税），将457项产品作为例外不予降税。

在服务贸易方面，双方在世贸组织《服务贸易总协定》承诺的基础上，进一步就开放相关服务部门达成了一致。瑞方首次在签证、工作许可和居留许可的受理发放方面同意规定办理时限；瑞方同意与中方开展中医药合作对话，并承诺将就中方中医服务出口主要障碍等问题提高透明度和与中方加强信息交流；瑞方还在旅游、翻译等领域做出了进一步开放承诺，这些承诺将有利于我企业更好地实施“走出去”战略，不断深化中瑞经贸合作。当然，中方也根据现行法律法规在证券等一些服务部门做出了进一步开放承诺，体现了我方开放的态度。

在原产地实施程序方面，双方同意采用企业自主声明模式，并同意放宽原产地声明格式和签章有关要求。这是中方首次在自贸协定采用企业自主声明模式，将大幅提高贸易便利化水平，降低企业成本。同时，双方同意建立原产地声明电子信息交换系统，并同意相互提供声明序列号，以加强风险管理。

双方还同意进一步简化海关通关环节手续，确保双方有关法律法规公开透明，运用风险管理、信息技术等手段，为双方企业提供高效快捷的通关服务，以便利合法贸易。

在环境、知识产权等新规则方面，中瑞自贸协定涉及不少新规则，包括环境、知识产权、竞争等。这些都是中方在以往的自贸谈判中很少碰到的，国际上对这些规则问题也没有统一的标准。在谈判中，中方既照顾了瑞方在环境和知识产权等方面的高标准，瑞方也考虑到了中国的实际发展水平和目前可接受的程度，双方最终达成了互利共赢的协议。

比如说，中瑞自贸协定包含了“环境问题”章节，这是环境相关内容在中国的自贸协定中第一次以独立章节形式出现，体现了我国与时俱进处理环境与贸易有关问题的立场。“环境问题”章节规定了双方在环境方面合作的目标、方式、资金安排等内容，重申了双方对以可持续方式促进经济发展和不断提高环境保护水平的意愿。双方一致认为，在实践中通过削弱和降低国内环境法律、法规、政策等已规定的环保标准来鼓励贸易和投资是不合适的，同时，环保标准不应被用作贸易保护主义目的。双方还同意加强合作，以促进有利于环境的货物、服务和技术的传播。

关于知识产权，《协定》知识产权章节主要包括总则、版权、商标、专利、工业设计、遗传资源和传统知识、植物新品种、未披露信息、地理标志、执法（包括刑事、民事和边境措施等）、原产地和国名标志等内容。在中国对外商签的自贸协定中，《协定》首次明确规定了知识产权保护的具体权利和义务，突破了之前我自贸协定知识产权章节只包含原则性条款和合作等宣示性条款的做法，增强了权利人保护的透明度和便利性。这充分显示了中方在加强知识产权保护方面积极、开放的态度。

6 中端金融合作取得突破性进展

瑞士金融、保险业也积极发展同我国的关系。目前有瑞士银行有限公司、瑞士信贷银行股份有限公司、瑞士苏黎世银行、欧洲金融银行集团瑞士有限公司、汇丰私人银行（瑞士）有限公司、瑞士盈丰银行股份有限公司共6家银行在华设立了2家外国银行分行和8家代表处。苏黎世保险公司参股新华人寿。2008年，瑞士信贷银行与中国方正证券成立中外合资证券公司。

最近，中瑞金融合作取得了新的突破。继2014年7月，中瑞两国央行签署了规模为1500亿元人民币/210亿瑞郎的双边货币互换协议后，2015年1月21日，李克强总理在瑞士达沃斯同瑞士联邦主席索马鲁加举行会谈时表示，中方欢迎瑞方参与人民币国际化进程，支持苏黎世人民币离岸市场建设，愿给予瑞士500亿元人民币的合格境外投资者配额，希望瑞方为中资银行在瑞士开设分行提供便利。索马鲁加主席表示，瑞方愿意深化同中国在金融领域的合作，使瑞士成为人民币离岸业务中心。

法新社1月21日发表评论指出：“瑞士央行周三宣布，已同中国人民银行签署协议，在瑞士建立人民币交易清算安排。此举迎来瑞士国内银行业游说团体一片欢呼。面对保密制度的终结，为未来寻找新市场的瑞士银行业转向了中国。”

7 文化、教育、科技、旅游等领域的交流日趋频繁

关于文化交流

早在20世纪60年代，我国武汉杂技团等文艺团体即来瑞士巡回演出，作为世界冠军队的女排也访问了瑞士。笔者在1988年曾应瑞方邀请观看在蒙特勒市（montreux）举行的国际性的排球赛，受邀的还有多个国家的使节。由于中国女排是世界冠军，只有笔者一人被请到主席台

蔡方柏大使夫妇 1990 年 5 月与中国女排合影

就座观看，其他使节只在一般来宾席位上就座。从这个礼宾细节中可以体会到祖国强大的综合国力是外交人员完成使命的坚强后盾。进入21世纪，两国文化交流更加密切，双方举办了一系列文化交流活动，其中2005年中国首次作为主宾国参加日内瓦节，为两国建交以来在瑞士举办的最大规模文化活动。自2006年起，双方每年在瑞士联合举办“中国新春音乐会”。

两国教育、科技交流不断深化

早在20世纪50年代起，两国就互派少量留学生，主要学习语言。笔者于1964年毕业于日内瓦大学翻译学院。自我国实行改革开放以来，两国教育、科技合作不断扩大。1999年以来，两国签署《中瑞高等教育交流意向书》《中瑞文化合作意向声明》《中瑞加强科技合作谅解备忘录》等合作与交流的文件，为两国加强此领域合作奠定了良好的基础。

关于旅游方面

2004年，曾培炎副总理访瑞期间，双方签署《中瑞旅游目的地实施谅解备忘录》，中国公民赴瑞士团队旅游正式启动。据瑞方统计，2013年中国大陆游客赴瑞士旅游入境人数达70万人次，同比增长22%。据我国国家旅游局统计，2013年，瑞士来华旅游入境人数达8.68万人，同比增长5%。我国国家旅游局在苏黎世、瑞士国家旅游局在北京互设有办事处。两国旅游来往有着良好的发展势头。

8 建立了12对友好省州（市）关系

1982年2月，昆明市与苏黎世市最早结成友好城市。1994年以来，先后有长沙市与弗里堡市、北海市与卢加诺市、上海市与巴塞尔州、黄山市与因特拉肯市、甘肃省与索罗图恩州、江苏省与卢塞恩州、香格里拉县与阿罗萨市、杭州市与卢加诺市、山东省与阿尔高州、重庆市与苏黎世州结成友好省州（市）。最新结成友好关系的是广东省与苏黎世州，时间是2014年4月。至此，双方建立了12对友好省州（市）关系。上述友好省州（市）关系促进了双方相互了解和友谊，推动了务实合，获得了互利共赢的效果。

据有关方面介绍，昆明市与苏黎世市友城关系是最成功的典范之一。1982年，瑞士苏黎世市与中国昆明市缔结友好城市关系，刚当选苏黎世市长的托马斯·瓦格纳博士（Thomas Wagner）是这一友城关系的积极推动者之一。他在任20年中不遗余力地推进苏黎世与昆明在文化、城市供排水、城市发展、公共交通、环境保护、经济贸易等诸多领域的交往合作，取得了大量成果。

他特别重视水环境的治理。

1987年，苏黎世市供水局提供设备帮助昆明市自来水公司建立水质化验室。1990年，双方合作制定了昆明城市供排水总体规划。1993年，昆明市在苏黎世建成中国园。在他的推动下，苏黎世市相关部门与昆明开展了持久、深入的合作。1994年10月，双方签署加强城市供排水领域合作的协议。1996年7月，苏黎世供水局专家实地查勘昆明市外流域“引水济昆”工程，撰写了《云龙水库项目报告书》。

同期，双方在城市交通领域开始合作，制定了《昆明城市发展和公共交通总体规划》和《昆明城市公共汽车线网及场站规划》，并于1999年世博会前夕在昆明市开通第一条“公交示范专用线”。双方的互利互惠合作也延伸到旧城保护、引进“城市猫”垃圾清扫车、掌鸠河引水工程、在苏黎世建立中医诊所项目等。

2002年9月瓦格纳退出苏黎世市政府，新市长雷德格博对发展友城关系的态度很快从慎重转变为积极，在其任期内几乎每年访昆。在他的领导下，两市友城关系继续深化，双方交流合作在较高水平上得到延续。合作项目在城市规划、公共交通、污水和滇池治理、文物保护得到开展，在城市财政金融、文化领域有新的进展。在合作方式上，苏黎世方面依据昆明的需求提供技术帮助，昆明按照本地物价向对方支付劳务费。雷德格博市长据此向外界宣布，两市关系已成为“真正的平等的伙伴关系”。

2009年，科瑞那·毛赫女士当选苏黎世市长。毛赫市长两次率团访问昆明，在她的推动倡议下，双方以友城关系为平台，与瑞士外交部合作发展司开展“中瑞低碳城市项目”和“中瑞合作培训管理项目”。

此外，她希望在友城合作框架下加强双方经济联系。

瓦格纳退出苏黎世市政府后建立了私人咨询公司，担任瑞中协会主席，致力于促进瑞士和中国的经济交往，并与昆明继续保持密切联系。2009~2012年，作为瑞中协会主席，他积极推动瑞士水务公司与昆明市开展了“湖清水秀”治理滇池的研究项目，并取得了较好的成果。他还参与瑞士西卡公司在晋宁建厂、瑞士芬美意昆明公司迁建项目。与他比较熟的中国人都称他“老瓦”，对此，他也非常自豪。

瓦格纳博士还担任过瑞士外交政策协会主席等职，自2000年起出任瑞中协会主席至今，他更是致力于促进瑞中两国在各个领域和各个层面上的友好交往和务实合作。在他的大力推动下，苏黎世州与重庆市结为友好州市，瑞士的许多官方机构和私人企业也纷纷与中国建立更加密切的交流与合作关系。瓦格纳主席访问中国100余次，足迹遍及中国大江南北，在中国也结识了许多老朋友。中国人民对外友好协会还授予他“人民友好使者”的称号，以表彰他为两国民间友好交往所做的积极贡献。同时，他也是中国昆明市和大连市的荣誉市民。笔者在瑞士任职期间曾与他有过多次交往，近年来也与他在北京的外交场合见过面，深感这是一位知华、友华的老朋友，真不愧为“人民友好使者”的光荣称号。

还值得一提的是在友城合作的框架下，活跃着一支来自苏黎世的技术专家队伍。两市的技术合作从供排水开始，逐年向城市公共交通、城市规划、文物保护、滇池治理拓展，成为两市友城关系重要组成部分。双方技术合作开展的时间之长，合作领域之广，实施的项目之多，取得的成果之实，在中国众多的国际友城中显得十分突出。苏黎世技术专家一方面为昆明带来了瑞士的技术经验思维方式，另一方面也通过在昆明实地开展工作，接触了解中国和昆明，成为当地知华、友华的主要力量。通过定期的制度性的工作访问，他们不仅成为昆明城市经济社会发展的亲历者和见证人，而且他们也通过自己的工作结果助推昆明的发展。这反映出双方在技术合作领域取得的成绩和对友城关系产生的积极影响。

总的来说，中瑞建交65年来，两国关系取得了突破性的进展，堪称中国同西方国家关系的典范。两国由于社会制度不同、历史文化背景各异，双方关系中出观一些分歧和矛盾是正常的。但是，两国共同点和共同利益远大于分歧点和矛盾，特别是双方都注意管控分歧，化解矛盾，两国友好合作关系仍有广阔的发展空间。

蔡方柏大使夫妇 1998 年跨越欧洲最大冰川阿利次奇留影

第十章

超越优势地位
迎接新的挑战

瑞士是个面积不大的山国，虽具有独特的优势，也有其不得不面对的劣势和挑战。尤其是进入21世纪以来，随着全球化的深入发展和国际力量对比消长的变化，新兴大国群体崛起，与过去相比，需要国家进行更多干预。瑞士一直在探索新形势下的发展模式和适合国情的道路。

❶ 连续6年居世界竞争力首位

瑞士是个面积不大的山国，具有其独特的竞争优势。其中最突出的是，世界上没有任何一个与其面积相同的国家达到如此高的可支配收入水平；没有一个与它类似的国家在许多经济领域居于世界领先地位。狭小的国内市场促进瑞士企业在国际贸易中发挥重要作用。

由于缺乏资源，瑞士人依靠大力培训人才，大量投资研发，通过创新使其竞争力长期居于世界领先地位，在制药业尤为突出。世界经济论坛2014年9月发布的《2014~2015年全球竞争力报告》指出，瑞士连续6年位居榜首，令世界瞩目。又据瑞士洛桑管理研究院的世界竞争力报告显示，瑞士人均申请专利最多，人均获得诺贝尔奖最多。世界知识产权组织发布的“全球创新指数”排名，瑞士连续4年稳居榜首，特别是在知识与技术产出和创意产出等方面居领先地位。该组织统计数字显示：2013年瑞士根据《专利合作条约》提交了4367份专利申请，排名第8位；根据《马德里体系》提交商标国际注册申请中，瑞士2013年提交了3070份申请，排名第4位。其中，瑞士制药企业诺华公司2013年提交了228份，在公司申请中排名首位。

瑞士竞争力之所以能六连冠，是多种因素共同作用的结果，其中关键因素是其十分重视保持创新能力，而创新能力的获得和保持得益于高额的研发投入及学术机构与市场的良好对接。瑞士联邦政府统计数据显示，目前其研发投入占GDP的3%，达160亿瑞郎（相当1056亿元人民币），超过欧盟的水平，其中2/3由企业投入，1/3由政府投入。

更令人不可思议的是，瑞士的银行、资产管理机构等共管理世界1/4的私人资产，从中获得的丰厚利润占其GDP近11%。而同是发达国家的法国、德国和美国金融业的收入占GDP的比重仅在4%~6%之间，金融业发达的英国也只占9%①。上述业绩成就了瑞士在世界经济中的优越地位，同时瑞士人民的生活质量在世界上也名列前茅。

---

① R. James Breiding，Swiss Made: The Untold Story Behind Switzerland's Success，2013，p169.

2 面临的5大挑战

进入21世纪以来，随着全球化的深入发展和国际力量对比消长的变化，新兴大国群体崛起，特别是2008年国际金融危机的冲击，使瑞士面临多方面挑战，与过去相比，需要国家进行更多干预。

从国家层面来说，任何一国不能单独应对这场严重的金融危机，即使金融方面最强大的国家也既不能独善其身，也不可能独自处理欧元区的危机。世界政治和经济格局进入新一轮调整期。这一变化对对外依存度极高的瑞士来说，无疑是一个严峻的挑战。在国际金融危机最危险的时刻，瑞士人意识到，在金融领域的资产如果处理不当，就有冒着使国家破产和丢失大量就业岗位的危险。虽然联邦政府和瑞士央行及时出手救助，使瑞士最大的商业银行瑞银化险为夷，渡过了难关，但是危机留下的后遗症却对瑞士产生了深远的影响：构成瑞士特性的坚实基础出现裂痕，直接民主的实效性被公共事务的信息和舆论大变动所动摇，媒体的分化也带来消极后果，它所关注的是市场和有关集团的利益，而不是进行中肯的分析，使人们形成健康的判断。同时和其他发达国家一样，瑞士将生活在一个低增长、发展机遇随之缩小的环境中，有关领域将受到不同度的影响。

第一，资产管理业务首当其冲。这是瑞士头号财政来源，并提供了较多的就业岗位。当金融资产收益率高，加之瑞士银行谨慎保密、服务周到时，客户在支付佣金时就会相当慷慨。但现在，上述情况正在发生变化。投资收益率下滑，外国政府对瑞士施加强大压力，避免其公民将资金存入瑞士银行以达到逃税或洗钱的目的。在此情况下，瑞士政府不得不与有关政府和国际组织签订双边或多边协定，接受罚款，向有关国家和国际组织提供外国人在瑞士银行的存款资料，这就导致瑞士《银行保密法》的终结。这样，来瑞士存款的外国人就不会像过去那样踊跃，来存款的客户也会更加挑剔了。然而，世界财富还会增加，客观上仍需要金融中心来管理这些财富。瑞士必须改变金融业的经营模式，来适应不断变化的新局面。

第二，制药业也面临同样的挑战。该行业是为瑞士提供财源的另一个重要部门。瑞士人十分重视对该行业的研发投入，以此来压倒竞争对手，其中罗氏制药公司最为突出。但是制药业也遇到困难。一方面对研发的大量投入降低了劳动生产率；另一方面研发成本上升，使创新的经济效益远逊于过去。同时，公费医疗制度报销药费也遇到困难，同行的制药厂家随着核心专利到期而越来越严重地蚕食市场份额。在此形势下，制药业也需要进行调整，以适应增长放缓、效益下降的新时期。

第三，瑞士虽然是世界上人均GDP最高的国家之一，竞争力也居于世界前列，但是总体劳动生产率不高，主要是未向国际市场开放的部门的商品和服务业效率低，导致其价格居高不下。尤其在电信、能源、邮政服务方面，仍然存在竞争障碍。瑞士高房价、高房租也使该国生活十分昂贵。与经合组织国家相比，瑞士房价明显高出很多。有关统计资料显示，一般家庭用于房租的支出占其可支配收入的25%。房屋出租状况供不应求，推动了新建房子租金上涨。因此，经合组织关于《2009~2020年瑞士经济研究报告》（下称“研究报告”）指出，瑞士应继续改革商品市场“更加开放公共市场，更多消除国家对农业的保护机制”；在房租方面，应注意根据市场条件调整房租，并通过增加房产税在乡镇预算中的比重来鼓励乡镇当局提供建筑用地。

第四，瑞士教育制度有许多优点，特别是发达的职业培训有利于年轻人成功融入劳动市场。但是，随着科技的快速发展，其教育制度也存在一些弊端。在义务教育中，不富裕家庭和移民的孩子学习成绩低于平均水平，不利于这些孩子未来融入当地社会。关于高等教育，国家对每个大学生的人均投入在发达国家中是很高的，但是，在年轻职工中大学生的比例并不高，这可能与该国实行的有效职业教育所提供的专业资格与其他发达国家高等教育所提供的专业资格相似有关。然而“研究报告”建议，瑞士应增加大学毕业生在年轻职工中的比例，以利于提高劳动生产率。因为科技快速发展使传统的培训方法难以完全适应。如今，一个机械师除了应熟悉机械学外，还要精通信息软件。为此，瑞士近10年来建立了不少高等专业学院，其课程设置更偏重实践，而一般大学的课程设置更多注意学术研究。这有利于增加高中学生获得大学文凭的机会。劳动市场更愿意吸纳专业学院的毕业生，而不是一般的中专毕业生。在人口老龄化的背景下，增加大学毕业生的比例有利于企业提高劳动生产率。“研究报告”建议瑞士当局“在继续向贫困生发放助学金的同时，还应推出助学贷款，并按学生未来收入加以偿还”。这将特别有利于报考高等专业学院的学生接受高等教育的机会。

第五，瑞士人口老龄化加快，劳动人口一直在减少，促使其不得不接受大量的移民，增加年轻的劳动人口。1950年，外国移民只占瑞人口总数的5%，如今这个比例高达22%。这给瑞士带来两方面的问题：一是在国内政治上排外势力上升，影响社会稳定；二是社会保险和公费医疗费用不可避免地加重。所以“研究报告”建议瑞士政府采取改革措施，防止这两项费用的增长。

3 如何应对挑战

在世界新旧格局转换过程中，瑞士接受新形势带来的挑战，认为任何成功的模式不是永恒的，如果人们不能适应形势的变化，事物就会走向反面；衰落和消失不一定是坏事，是新旧交替的结果。同时，瑞士又要千方百计保持既有的优势，以巩固其在世界金融和经济中举足轻重的地位。这是瑞士在21世纪面临的中心问题和挑战。世界经济、技术和政治格局正在发生深刻变化和调整，瑞士仍处在适应、摸索和调整过程中。

政府在应对挑战中的作用

当前，瑞士政府继续实行自由经济政策，尽量减少政府干预，充分发挥市场在资源配置中的决定性作用。20世纪70年代，谁能想到一款适应市场需要的时尚塑料手表却拯救了瑞士的钟表业？谁又能想到一种胶囊式的咖啡奈斯派索（Nespresso）成为畅销全球的名牌产品呢？这一切都是市场在起决定性作用，国家对此不能替代企业进行干预，只能无为而治。但是，面对国际金融危机对本国实体经济造成的严重威胁时，国家则应加大干预力度，毫不犹豫地及时果断出手。2008年国际金融危机最严重时刻，瑞士最大银行——瑞银一度陷入困境，联邦政府和瑞士央行共同决定出资600多亿瑞郎进行救助，使该行克服了困难，正常开展业务，同时增强了市场信心，使该国金融业较快地渡过了难关。

自国际金融危机以来，瑞士就一直在探索新形势下的发展模式和适合国情的道路。

金融业如何应对挑战

瑞士最大的产业——金融业面临的挑战最为突出。国际上强烈反对“避税天堂”和“洗钱”，瑞士《银行保密法》行将终结，银行不可能像过去那样获得大量存款。同时，国际上银行之间的竞争激烈，瑞士银行管理资产佣金高达所管理资产的1.2%~2%，而外国银行资产管理佣金比瑞士银行少50%，甚至少80%。这就使得瑞士银行更难吸引新的客户。这又使得瑞士银行招揽客户费用增加，收入减少，银行不得不设法降低成本。国际金融危机再次表明了银行投资业务的脆弱性和收益的易蒸发性。近7年来，瑞银的投资业务亏损400亿瑞郎，而其资产管理业务则赢利500亿瑞郎。与其他国家一样，瑞士银行业也无法规避金融大动荡所带来的风险，因此瑞士银行业必须改变经营模式。银行业领导人经过反思，认为管理资产业务的投资少，收益高，风险小。还有人认为，银行业还可为企业合并和并购提供咨询等服务事项，这些都是投资少、风险小的业务。

总之，银行业在瑞士经济中的比重在收缩。有人预计，到下一代人时，瑞士银行的业务将减少一半。这种收缩不一定是坏事，它将使得瑞士的经济更加平衡，更加稳定。还有人认为私人银行对现在这一代人来说，是一个意外的收获，就像互联网的泡沫一样，只不过是银行业的泡沫持续的时间会长一些，最终是会破裂的。当然，银行业还会继续发展，但速度更慢，效益更少。

瑞士银行业更倾向于发展资产管理业务。据有关方面预测，世界私人财富还会快速增加，需要金融机构进行管理，即使增长放慢，收益减少，银行业的服务仍会稳步发展。瑞士人的优势是，精于资产管理，会使用多种语言，有丰富的国际交往经验，加之瑞士政局稳定，经济基本面稳中趋好，瑞郎坚挺，这些优势可使瑞士银行业在资产管理方面大有作为。因此，许多瑞士银行业内人士认为，该国应专注于资产管理，放弃风险较大、竞争激烈的银行投资业务。也有人主张学习丹麦对石油征收“自然资源税”那样对银行的利润征收“自然资源税”作为储备金，以备银行出现困难时使用，因为对瑞士来说银行也是一种“自然资源”。目前，瑞士银行业内人士对该行业未来发展方向正在进行一场辩论，各方见仁见智，尚未取得全国性的共识。然而，有一点是肯定的，而且是最简单、最有效的办法，那就是要求银行大幅提高自有资金率，减少杠杆作用，此点得到政府的认可，瑞士央行要求下属商业银行自有资金达到世界最高水平。

制药业如何应对挑战

目前，瑞士制药业特别是研发新的明星药品遇到挑战，药品销售呈现下降趋势，预计年增长率降至5%，还不到20世纪90年代增长率的一半，只有“二战”以来的1/4。其原因是，医疗费用增加，公费医疗体系报销困难，有关制药企业的经营效益受到挤压。然而，占世界85%人口生活在广大的发展中国家，在那里存在着广阔的市场，但问题是他们没有足够的支付能力。

因此，诺华公司一位人士认为，医药业如要应对这个变化，就应采取新的指导方针：一方面企业需要提供服务大众的、使用仿效或使用过去的技术生产廉价的产品；另一方面，创新应建立在可能取得突破性进展的药品的基础上，降低研发成本以适应新的现实。

而罗氏公司的人士则认为，企业需要继续推行建立在科研基础上的发展模式，但要转向研究尚未探索的领域，如癌瘤学、神经科学，在那些还没有建立起来的部门，实行诊断与治疗相结合的战略，以获取竞争优势。

其实，这两家的应对方法并无本质区别，只是出于各自成功的路线图不同而各有侧重而已。在此变革大潮中，这两家制药企业的战略谁最能取得成功，有待进一步观察。

旅游业如何应对挑战

瑞士旅游业也处于发展的十字路口。新形势使瑞士旅游业发生变化。新兴国家的发展和居民的致富给瑞士旅游业带来了新的机遇。来自中国、俄罗斯、印度等新兴国家的游客大量增加，接替了老一代的英国、美国和日本的游客。旅游与银行服务、国际组织总部所在地有着共生关系，在瑞士银行有存款的人都希望去该国看看，这是游客众多的重要原因之一。瑞士尽可能多地接纳游客。发展大众旅游对增加就业是大有好处的，但是从获取利润角度来讲，发展豪华旅游更能获得高额回报，而且瑞士在这方面更有竞争力。目前，瑞士既发展大众旅游，也愿更多接待高档次游客。瑞士正面临一个进退两难的抉择。由于国土面积小，如果两种旅游之间的矛盾加剧，它无法接待越来越多的游客，最终将不得不作出自己的选择。

从历史上来看，瑞士由于历史、地缘政治（中立国）、国土狭小等原因，一直是一个具有忧患意识的国家。它的适应能力很强，总是善于变危为机，甚至变别国的危机为本国的机遇。从发展前景上来看，培养人才、创新发展、企业精神是瑞士最大而且是用之不竭的资源。当前，瑞士正在孕育兴起新一轮的科技、产业革命。

国家经济增长的主要动力在于拥有众多的人才资源，通过不断创新推动经济增长和科技不断发展。瑞士除了拥有自己的人才资源外，还是一个能聚集优秀人才的国度，是跨国公司来往的平台、人才交流的平台。美国全球领先的医疗技术公司美敦力公司（Medtronic）在瑞士建立了在美国以外最大的运营中心。谷歌也选择瑞士作为美国境外最大的技术运转的总部。瑞士是跨国公司和优秀人才的落脚地。笔者深信，瑞士经济虽然面临新的挑战和困难，但经过改革和调整后，仍然会在新形势下创造出新的经济奇迹。

卢塞恩教堂桥

4 对我国经济建设的启示

中瑞两国社会制度、历史、文化背景和发展阶段不同，国情各异，我们绝不能照搬瑞士的发展模式。瑞士模式只适用于其具体国情。然而，经济发展的一些基本规律具有普遍意义，瑞士人创造性地使用了这些基本规律，并经过长期不懈的奋斗，使其国家从一个贫穷落后的山国变成花园式的世界首富。我们可从其由穷至富中得到一些启示，为我国全面建设小康社会服务。

第一，在稳增长同时，要加速产业结构调整的步伐，促进国民经济转型升级

稳步推进农业结构调整，不断扩大农业集约化生产，是实现农业现代化的必由之路。瑞士等发达国家的经验表明，随着城镇化取得进展，农业劳动人口逐年减少。为确保粮食供应安全，维护自然资源和农村美丽风光，需加大对种养大户、家庭农场、农民合作社等经营主体的支持力度，扩大多种形式的规模经营，提高劳动生产率，增加农民收入，繁荣农村经济。

要积极推进第二产业结构从中低端迈向中高端，使我国从制造大国转向制造强国。

要大力发展第三产业，因为现代服务业是就业容量宽、发展潜力大、行业产值高的产业。发达国家第三产业占其国内生产总值的比重一般在70%左右，而2014年我国第三产业总值虽已超过第二产业，达到48.3%，但与发达国家相比我们还有很大的拓展空间。发展现代服务业对我国经济持续发展具有重要意义。

第二，结合本国实际，坚持走中国特色新型工业化道路

从瑞士工业化进程来看，我们在发展工业的过程中，应抓住以下几点。

(1) 强调创新驱动，智能转型。要开发利用网络化、数字化、智能化技术，在一些关键领域取得突破。

(2) 要建设具有国际竞争力的自主创新型工业化，在一些关键领域抢占制高点，把新能源、新材料、生物医药、航空发动机等一批新兴产业培育为主导产业。同时要用先进技术改造传统产业，使其与先进的新兴产业相适应。

(3) 要与城镇化相结合，形成城乡、区域间统筹协调发展，逐步消除城乡差别、区域间差别。

(4) 要实现可持续发展的工业化。把节能减排作为转变经济发展方式的重要举措，坚决治理污染，建设生态文明，让青山绿水常在，环境更加宜居。

第三，把创新驱动战略作为产业转型升级和转变发展方式的中心环节

瑞士70%以上的研发资金是靠私人企业投入的。以企业为主进行技术创新，有利于调动企业增加研发投入的积极性，发挥大中小企业各自不同的作用，为万众创新提供坚实的平台。

从瑞士创新历史进程来看，创新驱动战略应包括多方面内容：加速科技引进、消化、再创新，形成符合我国需要的高新技术；鼓励原始创新，提高自主创新能力，掌握关键领域的核心技术，占领高新技术的制高点；建立企业为主体、市场为导向、产学研相结合的科技创新体制，以促进科技成果尽快向现实生产力转化。

创新驱动的关键是培养高水平的人才资源。既要培养大批高科技创新人才队伍，又要加强职业培训，培养大批中高级技工。同时，还要引进国外高质量人才和智力，以满足产业转型升级的需要。

第四，教育是创新之源，立国之本

瑞士、德国的经验表明，除大学和研究机构培养高级科技创新人才外，还需通过严格的职业培训，造就大批能工巧匠和高级技工。为此，应进一步改革我国教育制度。

要改变“只有上大学才有前途，上职业高中低人一等”的偏见。要在体制和舆论两个方面纠正这种不良偏向。职业高中的课程设置应有针对性，符合产业部门的需要。瑞士工厂学徒工制度是把学习技能与劳动生产紧密结合的有效办法，培养出来的人才既有理论知识又有实践经验，符合产业单位需求。学生职高毕业后如有意深造，应开辟让其上大学的渠道，而不是在职高“一锤定终生”。随着科技的发展，一些行业对员工的技术水平要求更高，需建立其课程设置偏重实践的高等专业学院。在瑞士，这种学院毕业生更受劳动市场青睐。随着我国产业转型升级，需要建立更多的高等专业学院，有利于解决大学毕业生就业难的问题。

第五，借鉴瑞士对外投资的成功经验

我国已成为重要的资本输出国。瑞士是对外投资大国，其企业对外投资或并购成功率大大高于失利。其成功的经验是，在深入调查研究的基础上大胆出手，谨慎操作，特别注意留住优秀人才，使新并购企业既能平稳过渡，又能利用他们的人脉关系和对当地市场的了解，打开新局面。这些好的做法，值得我国在国外投资的企业学习。

参考文献 / Reference

中文

[1] 李念培.瑞士.北京：当代世界出版社，1998

[2] 端木美.瑞士文化与现代化.沈阳：辽海出版社，2008

[3] 李尚、李伍般.瑞士——世界花园.北京：军事谊文出版社，1994

[4] 瑞士国家形象委员会.多姿多彩的瑞士，2007/2008

[5] 外交部网站瑞士栏目，2015

外文

[1] R.James Breiding，《SWISS MADE》，Edition Slakine， Geneve ，2014

[2]《Etude economique de L，OCDE SUISSE》，Volume 2009/20，edition OCDE ，Decembre 2009

[3] Alain Schoenenberger 、Milad Zarin-Nejadan，《L，ECONOMIE SUISSE》， Presse Universitaires de France ，octobre 2007

[4] Jean-Jacques Bouquet，《Histoire de la Suisse》，Presses universitaires de France，octobre 2007

[5] Joelle Kuntz，《L，histoire Suisse en un clin d，oeil》，Edition ZOE LE TEMPS ，2006

附录 / Appendix

2015年世界财富500强瑞士企业上榜名单

2015年排名	名称	营业额（百万美元）	利润（百万美元）
10	嘉能可（GLENCORE）	221073	2308
70	雀巢公司（NESTLé）	100115.7	15797.8
122	苏黎世保险集团（ZURICH INSURANCE GROUP）	72569	3895
167	诺华公司（NOVARTIS）	59593	10210
189	罗氏公司（ROCHE GROUP）	54494.7	10198.2
284	ABB集团（ABB）	39830	2594
289	瑞士信贷（CREDIT SUISSE GROUP）	39669.5	2049
308	瑞银集团（UBS GROUP）	37883.8	3942.9
313	瑞士再保险公司（SWISS RE）	37347	3500
397	Migros集团（MIGROS GROUP）	29825.4	970.1
401	Coop集团（COOP GROUP）	29684.4	513.6
446	德科集团（ADECCO GROUP）	26530.6	846.3

后记 Postscript

瑞士是富甲天下的国度，其发展轨迹令人赞叹。多年来，笔者一直为此所吸引，并关注其发展，尽力收集有关书籍和资料，以揭示该国由贫穷到世界首富的奥秘。

我曾经在有关刊物上发表过瑞士如何致富的文章，但是由于当时所掌握的材料不全，加之文章的篇幅有限，只能简要介绍基本概况和一些初步看法。

瑞士是个金融业、保险业十分发达的国家，整个国家经济对国际市场依赖程度极高，2008年爆发的国际金融危给它的经济造成严重冲击。在应对严峻挑战过程中，瑞士充分显示出其经济体制的独特优势、管控危机的决心和积极稳妥的应对方法，从而使该国较快克服了危机所带来的负面影响，走上了经济复苏之路，并成为欧洲债务危机中的绿洲。通过对瑞士经济发展轨迹的观察，特别是对其应对危机的研究，笔者进一步认识到，瑞士在发展经济和应对危机挑战方面的不少经验值得我国和发展中国家认真研究和借鉴。由此，笔者萌发了撰写本书的念头。

2013年中，笔者开始写作，后因为纪念中法建交50周年，需集中力量完成《我同法国六位总统零距离接触》一书的撰写，暂时中断了本书的写作。2014年中，笔者完成了《我同法国六位总统的零距离接触》的写作后，重新开始工作，到今年4月底已基本完成了本书的初稿。

近两年的写作也使我进一步深入了解和认知这个既美丽又奇特的国度。其间，瑞士国内外形势和中瑞关系都发生了重要变化。为与时俱进，使作品富有时代气息和可读性，笔者特别注意查阅最新出版介绍瑞士的书籍和资料，搜索了互联网公布的最新史料和统计数据，使此书更具现实意义。

在此过程中，我女儿蔡黎和女婿马铁雷、我同事的孩子刘畅分别从国外为笔者购买了介绍瑞士的新书和有关资料，使笔者从中了解到瑞士近年来在宏观和微观经济发展和调控的新情况。在此，谨对他们的支持表示亲切的谢意！

此书得到了外交部欧洲司的指导，还得到外交笔会的热情帮助，老同事王庆忠、许颖之夫妇提供了中瑞关系的宝贵资料，在此一并致以诚挚的感谢！瑞士旅游局通过欧美同学会瑞士分会会长端木美女士为本书提供了珍贵图片，使拙作能图文并茂，谨向瑞士旅游局和端木美会长深表诚挚谢忱！

特别要提到的是，戴秉国前国务委员、瑞士驻华大使戴尚贤阁下在百忙之中拨冗分别给本书题词或作序，为拙作增添了异彩，特向戴秉国前国务委员、戴尚贤大使阁下致以衷心的感谢和崇高的敬意！

笔者从经济层面来分析瑞士致富之道，是一次尝试，由于笔者水平有限，必有分析不到位和遗漏之处，诚请读者和研究瑞士问题专家、学者批评指正。

蔡方柏

2015年5月31日于北京